Dis c'est Qui ? ! C'EST PAS SORCIER

DEUX COQS D'OR

Directrice : Sarah Koegler-Jacquet
Directrice de projets : Sandra Berthe
Graphiste : Mylène Gache
Éditrice : Nathalie Marcus, assistée de Justine Simorre
Fabrication : Morgane Lajeunesse

Maquette et mise en pages : Flgraf, François Lemaire
Suivi éditorial : Aurore Meyer
Lecture-correction : Agnès Scicluna
Auteurs : Frédéric Bosc, Aurélie Desfour, Sophie Koechlin, Éric Mathivet, Mathilde Paris, Willy Richert, Véronique Schwab, Anne Thomas-Belli
Auteure des jeux : Aurore Meyer
Illustrateurs : Sarah Andreacchio, Sylvie Bessard, Hélène Convert, Patrick Chenot, Caroline Dall'Ava, Romain Guyard, Grégoire Mabire, Fabrice Mosca, Déborah Pinto, Laurent Richard, Matthieu Roda, Christine Roussey, Rémi Saillard

58, rue Jean Bleuzen – 92178 Vanves Cedex.

Dépôt légal : octobre 2021 – Édition 01.
Imprimé en France par Pollina - 99367.
Achevé d'imprimer en octobre 2021.
Loi n° 49-956 du 16 juillet 1949 sur les publications destinées à la jeunesse.

Rejoins-nous sur le site deux-coqs-dor.fr

PAPIER À BASE DE FIBRES CERTIFIÉES

Deux Coqs d'Or s'engage pour l'environnement en réduisant l'empreinte carbone de ses livres. Celle de cet exemplaire est de :
850 g éq. CO_2
Rendez-vous sur www.deux-coqs-dor-durable.fr

SOMMAIRE

Les ARTISTES

Comment Coco Chanel a-t-elle révolutionné la mode féminine ?

En abandonnant les corsets, très serrés, que les femmes devaient porter sous leurs habits afin d'avoir une taille fine ! Après la Première Guerre mondiale, Gabrielle (c'est son véritable prénom) Chanel propose aux femmes de revêtir des habits confortables et élégants, souvent en jersey. Par exemple, le tailleur, le pantalon, ou bien une autre tenue devenue célèbre : une simple petite robe noire. Cette styliste lance également des parfums, dont Chanel n° 5, un des plus connus au monde.

Avec quoi travaille Niki de Saint Phalle ?

Au début de sa carrière, Niki de Saint Phalle peint... **à la carabine !** Au cours de performances avec d'autres artistes, elle tire sur des plâtres cachant des sacs remplis de peinture. Les années d'après, pour ses sculptures, elle recouvre de papier ou de tissu des structures en ferraille avant de sculpter des blocs de polystyrène qu'elle enrobe de laine de verre et de résine de polyester. Elle peint ensuite l'ensemble de couleurs vives et y intègre des objets, des miroirs, des céramiques ou des billes. Ses œuvres les plus connues sont les Nanas, immenses poupées dansantes et colorées.

Comment Joséphine Baker est-elle devenue célèbre ?

Pendant les années 1920, appelées les « Années folles », les artistes du mouvement Art déco redécouvrent les arts de l'Afrique. Le jazz, musique nouvelle créée par les Noirs Américains, fait aussi son apparition en Europe. Au Théâtre des Champs-Élysées, la jeune Joséphine Baker, venue d'Amérique, **chante et danse presque nue et ceinturée de bananes pour se moquer de la façon dont les colonisateurs des siècles précédents voyaient les Africains.** Son intelligence, son talent et sa voix font le reste, ainsi que son courage, car elle devient une grande résistante pendant la Seconde Guerre mondiale. Sa chanson la plus connue s'intitule *J'ai deux amours*.

Que compose Jean-Sébastien Bach ?

Organiste virtuose, Bach est le maître de la musique baroque, qu'il conduit à son sommet par **des compositions très structurées, des chœurs complexes et des harmonies** qui superposent plusieurs lignes de mélodies distinctes. Ses œuvres accompagnent les offices religieux, répondent à des commandes ou sont destinées à l'enseignement. Les plus célèbres sont Le Clavier bien tempéré (deux recueils de 24 préludes et fugues), Les Concertos Brandebourgeois (un ensemble de 6 concertos pour orchestre) et ses compositions vocales liturgiques.

Pourquoi Frida Kahlo peint-elle autant d'autoportraits ?

Parmi les 143 tableaux qu'elle a peints, l'artiste mexicaine Frida Kahlo a réalisé 55 autoportraits. À l'âge de 15 ans, en revenant de l'école, elle est gravement blessée dans un accident de bus, ce qui l'oblige à porter un corset de plâtre durant de longs mois. Comme **elle doit rester alitée**, sa famille installe un miroir au-dessus de son lit, et c'est comme ça qu'elle commence à peindre des autoportraits. Malheureusement, elle souffrira constamment des suites de cet accident, subissant de nombreuses opérations qui l'immobiliseront souvent, mais elle peindra jusqu'à la fin de sa vie.

Qu'est-ce que Michel-Ange a peint et sculpté ?

Ses sculptures les plus célèbres sont **la *Pietà*, le *David* de Florence** et **le *Moïse*** du tombeau commandé par le pape Jules II, un mausolée sur lequel Michel-Ange, constamment interrompu, travaille pendant quarante ans. Entre 1504 et 1508, il peint le plafond de la chapelle Sixtine, l'un des palais du Vatican. C'est aussi là qu'il commence, à l'âge de 60 ans, **la fresque du Jugement dernier**, qu'il met six ans à terminer. Enfin, en tant qu'architecte, il reprend la construction inachevée de la basilique Saint-Pierre et en conçoit le dôme. Star de son temps, il s'éteint à 88 ans.

Qu'est-ce que « l'oreille absolue » ?

C'est la faculté de **nommer**, à son écoute, **une note sans aide sonore préalable**, et d'associer les sons à leur note exacte. Mozart en était doté, ainsi que d'une mémoire capable de retenir toutes les mélodies dans leurs moindres détails. À Salzbourg, le père de Mozart, lui-même musicien, s'aperçoit des talents prodigieux de son fils alors que celui-ci n'a que 3 ans. Dès 5 ans, l'enfant apprend le clavecin et d'autres instruments, et il commence à composer un an plus tard. Au cours de ses tournées en Europe, le petit Mozart émerveille ses auditeurs. À 11 ans, il crée ses premiers opéras. En tout, il composera 893 œuvres.

Pourquoi surnomme-t-on Picasso « l'artiste universel » ?

Parce que c'est sans doute l'artiste le plus prolifique, le plus inventif, le plus éclectique, le plus engagé, le plus aimé (et parfois le plus détesté !) du XXe siècle. **Il est l'auteur de près de 50 000 œuvres**, soit 1 885 tableaux, 1 228 sculptures, 2 880 céramiques, 7 089 dessins, 342 tapisseries, 150 carnets de croquis et 30 000 estampes, gravures et lithographies. Ses deux tableaux les plus célèbres sont *Les Demoiselles d'Avignon*, qui marque le début du cubisme, et *Guernica*, qui dénonce l'horreur de la guerre.

Que peint Andy Warhol ?

Andy Warhol est l'un des premiers artistes à avoir compris le pouvoir de l'image, l'envie de célébrité des gens et la marchandisation du monde. À partir des années 1960, il peint par séries, ce qui symbolise pour lui la consommation jusqu'à l'épuisement et la course vers la destruction. Il fait surtout **des sérigraphies, c'est-à-dire des photos imprimées en noir et blanc sur toile, sur lesquelles il plaque des couleurs vives**. Ses œuvres les plus connues sont les représentations de boîtes de soupe Campbell, de dollars, et les portraits de célébrités comme Marilyn Monroe, Elizabeth Taylor ou Mao. En quelques années, il est devenu le « pape du Pop Art ».

Pourquoi Camille Claudel scandalise-t-elle autant sa famille ?

À la fin du XIXe siècle, **les milieux artistiques** sont considérés par la bourgeoisie comme **dangereux et infréquentables**. Si Camille est soutenue par son père, conscient de son talent, sa mère lui reproche constamment sa passion pour cet art. **Sa relation amoureuse, vécue hors mariage**, avec l'artiste Rodin, son mentor, achève de choquer sa famille. Après sa rupture avec Rodin, Camille, malgré ses chefs-d'œuvre, vit dans le dénuement et souffre de plus en plus de troubles paranoïaques. Le lendemain de la mort de son père, sa mère et son frère, l'écrivain Paul Claudel, prennent la décision de la faire interner. Abandonnée à son sort, elle reste enfermée à l'asile pendant trente ans et y meurt en 1943.

Comment Charlie Chaplin crée-t-il Charlot ?

Engagé en 1913 à Hollywood pour **remplacer un acteur burlesque** des studios Keystone, Chaplin crée son personnage fétiche dès sa deuxième apparition à l'écran. Il l'habille d'un pantalon trop large, de chaussures trop grandes, d'une veste trop serrée, d'un chapeau trop petit, lui donne une canne souple et colle une moustache en brosse sous son nez. En plus de 70 courts et moyens métrages et avec les 6 longs métrages de Chaplin, *The Tramp* (le vagabond) est devenu une star mondiale. Nous le connaissons sous le nom de Charlot, mais ce nom n'existe pas dans la langue anglaise.

Pourquoi Hergé s'appelle-t-il comme ça ?

Formé à partir de **ses initiales inversées,** Hergé est le pseudonyme avec lequel le dessinateur belge Georges Rémi signe, en 1924, ses premières planches. Après avoir été engagé par le quotidien belge *Le Vingtième Siècle*, il crée en 1929 *Les Aventures de Tintin*, d'abord publiées dans *Le Petit Vingtième*, un supplément destiné à la jeunesse. Fondé en 1946, le journal *Tintin* publie la suite des aventures de ce héros intemporel. Avec lui, Hergé rencontre un succès international, vendant plus de 250 millions d'albums. Il est aujourd'hui considéré comme le père de la bande dessinée européenne.

Les révolutions de la peinture aux XIXe et XXe siècles

Voici plus de deux cents ans, la peinture occidentale entame une série de révolutions. Diverses écoles se succèdent. Beaucoup d'entre elles naissent en France.

LE ROMANTISME

Au début du XIXe siècle, les artistes romantiques veulent évoquer le drame, les passions. Théodore Géricault peint *Le Radeau de la Méduse*, qui représente de malheureux naufragés. D'autres peintres brossent des paysages sauvages, des orages.

LE RÉALISME

Les peintres du courant réaliste illustrent des scènes de la vie quotidienne, comme Jean-François Millet et son *Angélus* (des paysans en prière), ou encore Gustave Courbet, l'auteur de *Un enterrement à Ornans*.

L'IMPRESSIONNISME

Vers les années 1870, les peintres travaillent en plein air, cherchant à représenter la lumière. Au Havre, Claude Monet brosse *Impression, soleil levant*. Auguste Renoir peint des scènes de bal, des enfants. Édouard Manet et Edgar Degas appartiennent à ce courant. Plus tard, se rattachent à eux Vincent van Gogh et Paul Gauguin, qui fait des portraits de Polynésiens.

LE SYMBOLISME

Au contraire, le courant symboliste cherche à s'évader du réel. Il veut représenter le monde de l'esprit. Gustave Moreau figure des créatures mythologiques, comme le mystérieux sphinx.

L'EXPRESSIONNISME

Avec *Le Cri*, peint en 1893, Edvard Munch veut traduire l'angoisse de l'homme moderne.

LE CUBISME

Dans les années 1910, influencés par la sculpture africaine, les cubistes inventent de nouvelles formes pour réaliser des portraits, des natures mortes. Les plus fameux sont Georges Braque et surtout Pablo Picasso. Celui-ci peint *Les Demoiselles d'Avignon*. Ce tableau provoque un scandale, tant les visages sont étranges !

LE FAUVISME

Henri Matisse est l'un des plus connus des fauvistes. Il simplifie les formes à l'extrême et utilise des couleurs fortes. Comme le montre *La Danse*, peint en 1909.

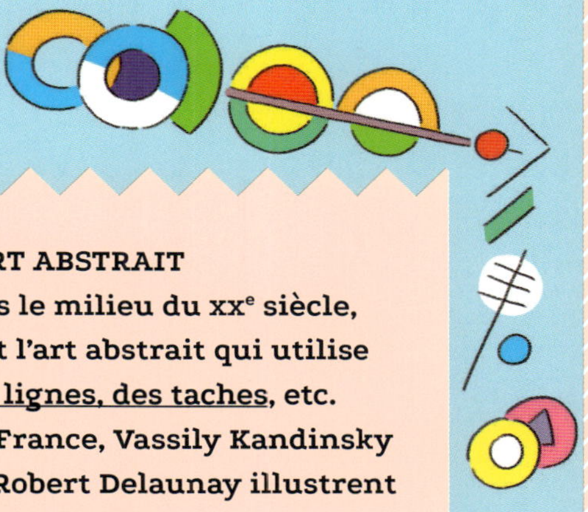

LE SURRÉALISME

À partir des années 1920, les peintres surréalistes explorent le monde du rêve. René Magritte peint des portraits, des oiseaux. Salvador Dalí réalise des toiles emplies d'objets et de corps déformés.

L'ART ABSTRAIT

Vers le milieu du XXe siècle, naît l'art abstrait qui utilise des lignes, des taches, etc. En France, Vassily Kandinsky ou Robert Delaunay illustrent ce mouvement.

Comment Yves Saint Laurent se fait-il connaître ?

Embauché par Christian Dior pour son **talent de dessinateur**, Yves Saint Laurent assiste le couturier dans les années 1950 et le remplace après sa mort en 1957. À 21 ans, il conçoit « Trapèze », sa première collection, qui remporte un triomphe. Quelques années plus tard, avec son compagnon Pierre Bergé, il fonde sa propre maison. Pendant les années 1960, il crée notamment le smoking féminin, la saharienne et le costume-pantalon. Jusqu'à la fin des années 1990, ses collections de haute couture et de prêt-à-porter de luxe sous le label « Saint Laurent rive gauche » font de lui l'un des plus grands couturiers du XXe siècle.

Est-ce que Maria Callas est une « diva » ?

Dérivé du mot « divine », le mot *diva*, qui veut dire « étoile » ou « star », caractérise parfaitement celle qu'on appelle « la Callas », **remarquable cantatrice soprano** qui règne sur l'opéra mondial de la fin des années 1940 au tout début des années 1960. Dotée d'une voix extraordinaire, aussi puissante qu'immédiatement reconnaissable, Maria Callas sait également donner une intense profondeur dramatique aux rôles qu'elle tient, les marquant d'élégance et de virtuosité. Elle est aussi connue pour avoir remis au goût du jour le bel canto italien en interprétant *La Traviata* de Verdi, La *Tosca* de Puccini, La *Norma* de Bellini ainsi que l'opéra *Lucia di Lammermoor* de Donizetti.

Combien sont les Beatles ?

Ils sont quatre : John Lennon, compositeur, auteur et guitariste ; Paul McCartney, compositeur, auteur et bassiste ; George Harrison, compositeur, auteur et guitariste ; Ringo Starr, batteur. Tous sont également chanteurs. C'est d'abord la rencontre de John et de Paul à Liverpool, en Angleterre, qui fait naître le groupe en 1960. Leur succès est immédiat et planétaire. En dix années de musique pop-rock novatrice, ils produisent près de 200 chansons dont John et Paul sont les principaux auteurs-compositeurs. En 1970, après 12 albums en commun, ils se séparent et poursuivent des carrières solo.

D'où vient le reggae ?

Ce genre musical issu du ska et du rocksteady est élaboré en Jamaïque à la fin des années 1960. En 1972, grâce à Chris Blackwell, le producteur d'Island Records, Bob Marley commence sa carrière solo avec l'album reggae *Catch a Fire*. Pendant les huit années qui suivent, accompagné de ses musiciens et de ses choristes, les I Three, il connaît un succès mondial. C'est essentiellement grâce ce compositeur talentueux épris de justice et de paix, que cette musique culturelle et politique, porteuse d'espoir ou de contestation sociale, se répand partout. Depuis 2018, le reggae est inscrit par l'UNESCO au patrimoine culturel immatériel de l'humanité.

Où se trouve la maison jaune de Van Gogh ?

Détruite par un bombardement en 1944, cette maison se dressait à **Arles**, dans le sud de la France. En 1788, Vincent van Gogh y loue quatre pièces avec l'espoir d'y monter une communauté d'artistes. Au rez-de-chaussée se trouvent la cuisine et l'atelier, et au premier étage, deux petites chambres. L'une d'elles accueille Paul Gauguin pendant quelques semaines. L'autre est la chambre de Van Gogh, qui en fait trois toiles célèbres. C'est dans cette maison que le peintre essaye de travailler avec Gauguin, qu'ils se disputent et que Van Gogh, victime d'une crise de folie, se coupe l'oreille gauche avec un rasoir.

À quoi reconnaît-on les films de Tim Burton ?

Tim Burton aime les monstres, les univers gothiques et fantastiques, la science-fiction des années 1960, les contes et légendes, les dessins, l'animation filmée, les marionnettes et l'humour macabre. En combinant tous ces éléments, on obtient **des films oniriques, originaux et étranges** comme les deux premiers *Batman, Beetlejuice, Edward aux mains d'argent, Mars Attacks!* ou *Alice au Pays des Merveilles.* Tim Burton aime aussi travailler avec les mêmes acteurs, que ce soit Michael Keaton, Johnny Depp, Helena Bonham Carter ou Eva Green, et avec le même compositeur, Danny Elfman.

À quel âge Michael Jackson commence-t-il à chanter et à danser ?

Il chante déjà à l'âge de 6 ans, mais **il commence réellement sa carrière à 11 ans** avec les Jackson Five, groupe formé en 1968 avec 4 de ses frères. Outre ses incroyables qualités vocales, Michael montre très vite un talent remarquable pour la danse, imitant sans difficulté les chorégraphies du chanteur de *rhythm and blues*, James Brown. On dit notamment qu'il a créé son fameux *Moonwalk* en imitant les pas glissés de Brown et en les perfectionnant. Même après avoir entamé sa carrière solo, Michael Jackson reste membre du groupe familial jusqu'en 1984.

Comment Beethoven entend-il la musique ?

Beethoven est atteint d'une surdité progressive, probablement d'origine infectieuse, à 26 ans. Ce handicap gâche son existence mais ne l'empêche pas de composer car, comme Mozart, il possède l'oreille absolue et une incroyable mémoire musicale. Son ami Maelzel, l'inventeur du métronome, lui fabrique **un système de cornets acoustiques qui, fixés sur sa tête, lui permettent de s'écouter quand il joue du piano**. Il réussit également à entendre les sons par transmission osseuse en mordant une baguette appuyée contre la caisse de l'instrument. Il garde longtemps une très faible audition à l'oreille gauche, et ce n'est qu'à la fin de sa vie qu'il n'entend plus du tout.

23

Les SPORTIVES et SPORTIFS

Pourquoi Marie-José Perec est-elle une athlète exceptionnelle ?

Elle est la seule sportive française à avoir remporté trois titres olympiques. Lors des Olympiades organisées à Barcelone, en Espagne, en 1992, cette Guadeloupéenne gagne le 400 m. Quatre ans plus tard, lors des Jeux tenus à Atlanta, aux États-Unis, elle remporte le 200 m et, de nouveau, le 400 m. Elle a connu bien d'autres succès, comme lors des championnats du monde organisés à Tokyo, au Japon, en 1991 et à Göteborg, en Suède, en 1995.

Combien de nages Laure Manaudou pratique-t-elle ?

Quatre : la brasse, le papillon, le crawl et le dos crawlé.
Laure Manaudou a battu des records nationaux et internationaux et obtenu titres et médailles dans presque toutes les distances de compétition (50 m, 100 m, 200 m, 800 m et 1 500 m). Entre 2001 et 2013, année de sa retraite sportive, elle remporte en tout 127 médailles, dont 86 en or. En 2004, aux jeux Olympiques d'Athènes, elle décroche le titre sur 400 m nage libre, offrant à la France sa deuxième médaille d'or olympique en natation depuis celle de Jean Boiteux à Helsinki en 1952.

Quand a-t-on découvert Kylian Mbappé ?

Le monde a découvert notre prodige **le 30 juin 2020** en huitièmes de finale de la Coupe du monde contre l'Argentine. Il provoque ce jour-là un penalty grâce à sa vitesse, et marque deux fois dans la foulée. Seul le roi Pelé a soulevé la coupe du monde aussi jeune. Le « Roi » l'a félicité en personne : la consécration ! À seulement 22 ans, Mbappé est destiné à une grande et belle carrière.

Qui est l'entraîneur de Serena et de Venus Williams ?

Serena et sa sœur Venus sont nées dans une famille pauvre de Los Angeles. Passionné par le tennis qu'il découvre à la télévision, et stupéfait par l'argent que gagnent les champions, **leur père, Richard Williams**, élabore une méthode d'entraînement pour faire de ses deux filles des joueuses professionnelles. Il commence dès qu'elles ont 4 ans. Parallèlement à des exercices de musculation réguliers et intenses, il les fait jouer tous les jours. Sa méthode est principalement basée sur la confiance de ses filles en elles-mêmes, au point qu'il les récompense aussi lorsqu'elles perdent un match, de façon à ce que l'échec n'entame jamais leur volonté de vaincre.

Pourquoi a-t-on donné le nom de Billie Jean King au stade de Flushing Meadows ?

Parce que cette sportive américaine a été **l'une des plus grandes joueuses de tennis du monde**. Entre 1966 et 1974, elle est 5 fois numéro 1 mondiale et elle reste dans le top 10 des joueuses pendant 17 ans. Elle fait aussi partie des dix joueuses à avoir gagné les 4 titres du Grand Chelem en simple, et avec Martina Navratilova, elle détient le record des victoires à Wimbledon en gagnant 20 trophées en simple, double et double-mixte. Elle est aussi la joueuse la plus âgée à avoir remporté, en 1983, un tournoi en simple.

De quel cercle très fermé Didier Deschamps est-il membre ?

En tant que joueur, il avait tout gagné (Coupe du monde et Championnat d'Europe, Coupe et Championnat en Italie, France et Angleterre et double vainqueur de la Champions League). Mais depuis 2018, « la Dèche » ou « Dédé » pour les intimes, fait partie d'un club très fermé. **Seules 3 personnes au monde sont devenues championnes du monde en tant que joueur et entraîneur** : l'Allemand Franz Beckenbauer, le Brésilien Mário Zagallo et Didier Deschamps.

De quelle nationalité est Pelé, le fameux « Roi » du football ?

Edmond Arantes do Nascimento, surnommé « Pelé », est né au Brésil en 1940. Il est considéré comme l'un des meilleurs attaquants de toute l'histoire du football. Il a été le plus jeune champion du monde à 17 ans. Pelé a appartenu à l'équipe nationale de son pays pendant plus de vingt ans. D'ailleurs, lorsque Pelé faisait partie de cette sélection, le Brésil a remporté trois des cinq Coupes du monde de football qu'il a gagnées à ce jour : en 1958, en 1962 et en 1970.

Quel est le slogan de Mohammed Ali ?

« Vole comme un papillon, pique comme une abeille », ce qui signifie avoir de la vitesse et de la mobilité grâce à un excellent jeu de jambes et à des esquives, et atteindre son adversaire par des séries de frappes précises. Dans les années 1960, c'est une technique peu conventionnelle pour un boxeur de sa catégorie et de sa taille (1,91 m). Mohamed Ali est aussi connu pour se moquer ouvertement de ses adversaires avant les combats afin de les déstabiliser. Surnommé « Le Plus Grand », il fut le premier boxeur à être sacré triple champion du monde des poids lourds. Ses combats contre Joe Frazier, son célèbre rival, restent légendaires.

Quel est le palmarès de Megan Rapinoe ?

L'Américaine est devenue un symbole planétaire en remportant avec les États-Unis un **4e titre de championne du monde. Meilleure buteuse avec 6 buts, elle est élue meilleure joueuse du tournoi, de l'année et Ballon d'or.** En plus de son talent et de son charisme, ses prises de position courageuses contre l'homophobie et le racisme en Amérique lui ont donné une aura mondiale.

Combien de Ballons d'or Cristiano Ronaldo détient-il ?

Légende incontestée, Ronaldo peut agacer par les multiples mises en scène de sa vie privée, mais aussi fasciner par son football de génie. Sur le terrain, personne ne conteste ses **5 Ballons d'or** ou son titre de meilleur buteur de l'histoire de la Champions League. À 36 ans, le Portugais continue son chemin avec la Juventus de Turin. Le plus grand joueur en activité.

Pourquoi le basketteur Michael Jordan est-il si populaire ?

Michael Jordan naît en 1963 à New York. Petit, il s'intéresse à plusieurs sports, dont le basket. Il s'illustre très vite dans l'équipe de son lycée, puis dans celle de son université. Le garçon devient joueur professionnel en 1984. **Sa capacité à effectuer d'impressionnants sauts en hauteur le rend vite très célèbre.** Avec l'équipe nationale des États-Unis, la « Dream Team », Michael Jordan remporte de nombreux championnats, comme les jeux Olympiques de Barcelone, en 1992.

Quel était le surnom de Maradona ?

Diego Maradona naît en Argentine en 1960. Très vite, ses talents de sportif sont remarqués. **Ses prouesses lui valent d'être appelé « *el Pibe de oro* » (en espagnol : le Gamin en or).** Lors de la Coupe du monde de 1986, Maradona marque un but contre le Royaume-Uni avec la main (ce qui, bien sûr, est interdit !). Les arbitres ne s'en aperçoivent pas. Depuis, ce but qui a permis à l'Argentine de remporter ce championnat, est surnommé « la main de Dieu ». Le joueur, malade, est mort en 2020.

Dans quelle équipe joue Eugénie Le Sommer ?

Elle commence sa carrière au Stade Briochin (Saint-Brieuc) en 2007 et fait partie de **l'Équipe de France** de football féminin depuis 2009. En 2010, elle est engagée comme attaquante au club de **l'Olympique lyonnais**, avec lequel elle gagne 5 titres au Championnat de France et plusieurs titres européens. Depuis 2015, c'est l'une des 10 meilleures joueuses de l'UEFA. En 2020, son 82e but, marqué au cours d'un match contre la Macédoine, en fait la meilleure buteuse de l'histoire des Bleues. Jusqu'à présent, sur un total de 579 matchs, elle a marqué 399 buts.

Quels sont les surnoms de Roger Federer ?

Cet extraordinaire champion de tennis en a beaucoup : jeune, on l'appelait parfois « Little Satan » à cause de son mauvais caractère. On l'a ensuite surnommé **« Rodgeur », le « Maestro », « Goat »** (qui ne veut pas dire « chèvre », mais « Greatest of All Time », soit le « plus Grand de tous les temps »), **le « roi » et même, le « dieu »**. Celui qu'il préfère est **« Dark Federer »**, inventé à cause de ses tenues de sport noires. Le plus amusant est sans doute « FedEx », pour « Federer Express ». Roger Federer attend cependant toujours le surnom parfait.

À quelle vitesse Usain Bolt peut-il courir ?

Athlète spécialiste du sprint, Usain Bolt est né à la Jamaïque en 1986. Parler de lui conduit à énumérer de nombreux records et victoires ! Avec huit médailles d'or, il est le sprinteur le plus médaillé aux jeux Olympiques. Fort de onze victoires, Usain Bolt est également le plus titré dans le cadre des championnats du monde. Souvent présenté comme étant le plus grand sprinter de tous les temps, **il a atteint la vitesse de 44,72 km/h !**

Qui est Stéphanie Frappart ?

Stéphanie Frappart est l'une des 25 000 arbitres français, et a été récompensée du titre de **meilleure arbitre du monde en 2019**. C'est la 1re femme à avoir arbitré un match professionnel d'hommes, une finale de Coupe d'Europe masculine et un match en Champions League. Une pionnière !

Les vestiaires des footballeurs

Malgré la multiplication des images télé, ce lieu reste peu connu des fans de foot. Les joueurs sont loin d'être seuls dans cet espace privé.

L'ENTRAÎNEUR ET SES ADJOINTS
Ils donnent les dernières consignes, expliquent les ultime changements et encouragent les troupes avant le combat. Selon le score, après le match, l'entraîneur félicite ou dispute ses joueurs.

LES JOUEURS
Concentrés, les joueurs enfilent leur tenue.

LE COMMUNITY MANAGER
Jamais loin du joueur mais toujours accroché à son smartphone, c'est lui qui gère les posts du footballeur sur les réseaux sociaux.

STAFF MÉDICAL
Le kiné est toujours là pour détendre un joueur à la mi-temps et après l'effort.

LES PRÉSIDENTS
Président de club, de fédération ou de la République, ils sont là pour les très grandes occasions ou les très mauvaises nouvelles.

LE SERVICE DE SÉCURITÉ
Le géant intraitable veille à la tranquillité et à la sécurité des joueurs en filtrant les entrées.

LES JOURNALISTES
Ils doivent patienter de longues heures pour une phrase, une déclaration ou un grand silence. Il vaut mieux interroger les vainqueurs…

LE CORPS ARBITRAL
Un vestiaire leur est réservé. Par respect, les entraîneurs viennent parfois les saluer avant le match, et plus rarement après.

Comment Allyson Felix a-t-elle décidé de combattre le dopage ?

Allyson Felix est actuellement l'athlète la plus rapide et la plus titrée de l'histoire du sprint féminin. Jeune fille, c'était une grande fan de sa compatriote, la championne Marion Jones, et elle a été horriblement déçue d'apprendre que celle-ci s'était dopée pour gagner ses médailles. Comme elle affronte ensuite elle-même d'autres coureuses suspectées de dopage, Allyson Felix décide un jour de faire partie d'un **programme de l'Agence anti-dopage des États-Unis qui consiste à suivre douze athlètes volontaires** en les testant régulièrement, souvent par surprise, durant des mois.

Combien mesure Wendie Renard ?

Considérée comme la meilleure défenseure du monde, cette joueuse de l'Olympique lyonnais, née en Martinique en 1990, mesure **1,87 m**. Elle a remporté avec son club 9 Coupes de France, 14 Championnats de France, un Trophée des championnes, et elle a gagné 7 fois la Ligue des champions (2011, 2012, 2016, 2017, 2018, 2019 et 2020). Elle a intégré l'Équipe de France de foot féminin en 2011. Charnière essentielle du groupe des Bleues, elle en a été plusieurs fois la capitaine.

Quelle est la particularité de Jeannie Longo ?

Sa longévité sportive !
Elle commence le cyclisme sur route en 1978 et ne met fin à sa carrière qu'en 2013, à l'âge de 55 ans. Pendant cette période, elle récolte 59 titres nationaux, 13 titres de championne du monde et une médaille d'or olympique. Cela en fait la cycliste la plus titrée de toutes.
Ce que l'on oublie souvent, c'est qu'avant de choisir le cyclisme, elle a été championne de ski alpin, remportant de nombreuses compétitions entre 1979 et 1982 !

Quelle est la taille de LeBron James ?

Dès l'âge de neuf ans, ce sportif s'intéresse au basket. Ses études achevées, LeBron James rejoint les Cavaliers de Cleveland. Depuis 2018, il joue au sein de l'équipe des Lakers de Los Angeles. **Sa très haute taille – il mesure 2,06 m – et sa capacité à jouer aussi bien en tant que meneur, ailier ou ailier fort**, l'ont conduit à multiplier les succès. LeBron, surnommé « The Chosén One » (« L'Élu »), participe également à de nombreuses compétitions internationales au sein de l'équipe américaine.

Les INVENTIONS et découvertes

Qu'a découvert Isaac Newton en voyant tomber une pomme à ses pieds ?

La loi de la gravitation ou de l'attraction universelle, c'est-à-dire le principe physique selon lequel tous les objets de l'Univers s'attirent entre eux. Par exemple, le Soleil attire la Terre, qui attire elle-même la Lune. Reste que l'anecdote de la pomme, si elle est amusante, est sans doute légendaire. L'Anglais Newton a découvert la loi de la gravitation parce qu'il était particulièrement intelligent et savant !

Pourquoi Pythagore a-t-il fait une découverte extraordinaire pour son époque ?

Pythagore est un philosophe et un savant grec qui a vécu aux VIe et Ve siècles avant J.-C. C'est sans doute **un des premiers hommes à avoir compris que la Terre était ronde.** Peu après, d'autres Grecs, comme Platon et Aristote, furent du même avis. Or, par la suite, la science « officielle » s'est détournée de cette connaissance. Au Moyen Âge, la plupart des gens estimaient que la Terre était plate ! C'est à la Renaissance que l'on a enfin admis qu'elle est bel et bien ronde.

Qu'a inventé Louis Braille ?

Louis Braille a vécu au XIXe siècle. Tout petit, il a perdu la vue à la suite d'un accident. C'est pourquoi il a inventé **une technique permettant aux aveugles d'écrire et de lire des textes, des chiffres, des signes mathématiques et même des notes de musique !** Ce système, toujours utilisé, consiste à perforer une feuille de papier épais de manière à y inscrire diverses combinaisons comprenant 1 à 6 points.

Quelle maladie grave Louis Pasteur a-t-il soignée ?

La rage ! Louis Pasteur était un savant français qui étudia les microbes. Il découvrit qu'on pouvait détruire ceux qui contaminent les aliments en les chauffant : cela permet de mieux conserver la nourriture. Sa méthode fut appelée la « pasteurisation ». Pasteur fit d'autres découvertes, mais il est surtout célèbre pour avoir créé en 1855 un vaccin contre la rage (une maladie mortelle).

Pourquoi Galilée a-t-il eu un procès ?

En Italie, Galilée découvre que la Voie lactée est formée par des milliards d'étoiles lointaines. Il publie ses découvertes en 1632 mais l'Église de l'époque ne veut rien entendre. Galilée doit **renoncer publiquement à défendre que c'est la Terre qui tourne autour du Soleil**. La légende raconte qu'en quittant la salle du procès, Galilée maugréa tout bas dans sa barbe : « Et pourtant, elle tourne ! » Bien qu'il soit interdit par l'Église de lire les ouvrages de Galilée, les scientifiques continuèrent à chercher et à accumuler des preuves que la Terre tournait effectivement autour du Soleil. Ce n'est qu'en 1992 que l'Église a reconnu ses torts envers Galilée.

Quelles sont les principales inventions de Steve Jobs ?

Son nom apparaît sur **346 brevets** dans le registre américain, mais l'on s'accorde à dire qu'il était surtout quelqu'un qui savait formidablement améliorer ce qui existait déjà. Ses plus importantes innovations sont :

- le Macintosh de 1984, premier ordinateur individuel à interface graphique doté d'une souris ;
- la possibilité de choisir une typographie à l'écran et d'en changer ;
- l'iMac (1998), l'iPod (2001) et l'iPad (2010), aboutissements d'un long processus de recherche avec ses ingénieurs à partir de trois éléments existants qu'il souhaitait faire évoluer : l'ordinateur, le lecteur MP3 et la tablette PC ;
- l'iPhone (2007).

Quelle est la plus célèbre photo d'Einstein ?

Il est étonnant de voir l'un des plus grands génies scientifiques du XXe siècle, prix Nobel de physique, **tirer la langue comme un enfant malicieux** ! Cette photo date de 1951, et elle est prise le soir du 72e anniversaire d'Einstein par Arthur Sasse, un photographe d'une agence de presse américaine. Elle fait vite le tour du monde ! Einstein lui-même en est ravi et il en commande neuf tirages. Sur l'un d'eux, qu'il envoie à un ami journaliste, il écrit : « Vous aimerez ce geste, parce qu'il est destiné à toute l'humanité. Un civil peut se permettre de faire ce qu'aucun diplomate n'oserait. » Avec le temps, cette image amusante est devenue un symbole de non-conformisme.

Qu'est-ce que la théorie de Darwin ?

Charles Darwin est un naturaliste anglais. C'est déjà un scientifique reconnu lorsqu'il affirme pour la première fois que **les espèces ne sont pas fixées depuis les origines et pour l'éternité**, mais qu'elles évoluent et qu'elles ont toutes dérivé depuis l'origine à partir de quelques **ancêtres communs**.
Pour expliquer cette évolution, il décrit un processus qu'il baptise « **sélection naturelle** », qui permet aux individus les mieux adaptés de survivre.
Si l'ouvrage de Darwin fait scandale au début, la communauté scientifique, reconnaissant le sérieux de son travail, adopte rapidement la théorie de l'évolution. En revanche, il faut attendre les années 1930 et les découvertes de la génétique pour que la théorie de la sélection naturelle se généralise.

Quels édifices Gustave Eiffel a-t-il construits ?

Eiffel a participé, entre autres, à la construction de :

- la passerelle Eiffel de Bordeaux ;
- le viaduc de Garabit, de 122 m de haut et de 565 m de long ;
- la statue de la Liberté (New York) de l'architecte Auguste Bartholdi, dont Eiffel a conçu la structure ;
- la coupole de l'Observatoire de Nice ;
- la charpente métallique de la Poste centrale de Saïgon ;
- le théâtre et la tour du Paradis Latin (Paris) ;
- la cathédrale Saint-Marc d'Arica, au Chili.

Comme on peut le voir, Gustave Eiffel n'a pas construit que la tour qui porte son nom !

Comment Bill Gates a-t-il fait fortune ?

Pionnier dans le domaine de la micro-informatique qu'il étudie à Seattle (État de Washington), l'Américain Bill Gates fonde avec un ami la société Microcomputer Software. Ensemble, les deux jeunes inventeurs mettent au point le premier langage de programmation destiné à un ordinateur commercial. **L'entreprise, qui prend plus tard le nom de Microsoft, innove sans cesse. Elle crée le système d'exploitation Windows.** En 2021, la fortune de Bill Gates est estimée à 124 milliards de dollars.

Dans quels domaines Émilie du Châtelet excelle-t-elle ?

Les mathématiques et la physique, mais c'est aussi une brillante femme de **lettres** qui entretient une liaison de quinze années avec Voltaire. C'est d'ailleurs Voltaire qui, après avoir découvert les travaux d'Isaac Newton en Angleterre, pousse Émilie, qu'il estime supérieurement douée, à traduire son livre, *Les Principes Mathématiques de la philosophie naturelle*, l'un des plus importants ouvrages scientifiques de tous les temps. Elle rédige elle-même plusieurs traités, en particulier *Les Institutions de Physique*, où elle expose et compare les thèses de Descartes, Newton et Leibniz.

Comment Champollion déchiffre-t-il les hiéroglyphes ?

Grâce à la pierre de Rosette, un fragment de stèle sur laquelle le même texte était gravé successivement en hiéroglyphes, en égyptien démotique et en grec. Les savants de l'époque en font des moulages et traduisent le texte grec en 1803. Il faut cependant attendre 1822 pour que Champollion annonce avoir déchiffré la partie en hiéroglyphes, cette étrange écriture qu'il dit « à la fois figurative, symbolique et phonétique ». C'est finalement **en comprenant les noms de pharaons** inscrits dans des cartouches royaux qu'il s'écrie : « Je tiens mon affaire ! » avant, selon son fils, de tomber dans le coma pendant plusieurs jours : le choc !

L'invention de l'imprimerie

En Europe, jusqu'au Moyen Âge, les livres étaient copiés un par un, à la main. Comme ce travail durait de longs mois, les livres étaient rares et coûtaient très cher. Ainsi, seuls quelques privilégiés, comme les rois ou les gens de l'Église, avaient les moyens d'en posséder.

L'INVENTION DE BI SHENG

Au XIe siècle, Bi Sheng, un inventeur chinois, a eu l'idée géniale d'utiliser des blocs mobiles. Au lieu de graver des pages entières de mots, il sculpta des idéogrammes, les caractères chinois, sur des blocs indépendants de terre cuite placés côte à côte pour former des phrases.

DES LIVRES EN SÉRIE

À partir du XIIIe siècle, partout en Europe, le nombre d'étudiants et de gens sachant lire était en hausse. Au XVe siècle, le besoin de rendre la production de livres plus rapide et moins onéreuse s'est fait encore plus fort : des inventeurs ont alors cherché à mettre au point un procédé permettant de reproduire des livres en série à moindre coût.

LES PREMIERS IMPRIMEURS

Avant l'invention de Gutenberg, dès le VIe siècle, les Chinois et les Japonais sculptaient à l'envers des pages d'écriture sur des tablettes de bois, d'ivoire ou d'argile. Il leur suffisait ensuite d'encrer ce support et d'y presser une feuille de papier. Mais cette technique prenait beaucoup de temps.

L'INVENTION DE GUTENBERG

Au XVe siècle, en Europe, Johannes Gensfleisch, dit Gutenberg, ignorait encore tout de l'invention de Bi Sheng. Déterminé à trouver une nouvelle technique d'impression, ce bijoutier allemand s'inspira des poinçons des orfèvres pour graver les moules de ses caractères en série. Il s'inspira aussi des presses à raisins des viticulteurs pour imaginer sa presse à imprimer… Surtout, Gutenberg créa un alliage métallique pour fabriquer des caractères mobiles résistants et réutilisables.

UN TEXTE BIEN ALIGNÉ

Pour composer les lignes destinées à l'impression avec précision, Gutenberg décida de placer les caractères dans un composteur, une sorte de règle en bois. Les composteurs étaient ensuite disposés sur la galée, un plateau de bois d'une taille légèrement supérieure à celle d'une page de livre.

LES PREMIERS LIVRES IMPRIMÉS

En 1455, Gutenberg publie le premier livre imprimé, une Bible en latin.

Pourquoi Marie Curie est-elle célèbre ?

Marie Skłodowska naît à Varsovie, en 1867. À 24 ans, elle part à Paris étudier la physique et les mathématiques. Elle est rapidement remarquée par ses professeurs. Elle rencontre Pierre Curie, un éminent physicien, et l'épouse en 1895. Elle s'intéresse aux mystérieux « rayons X », ainsi qu'à d'autres rayonnements, émis par l'uranium. Elle découvre que ces rayonnements ne sont pas dus à une réaction chimique, mais qu'ils sont une propriété de l'atome d'uranium. Ensemble, Pierre et Marie Curie vont mettre en évidence d'autres éléments chimiques radioactifs : le polonium, baptisé ainsi en hommage au pays d'origine de Marie, puis le radium. En 1903, ils reçoivent le **prix Nobel de physique**, qu'ils partagent avec Henri Becquerel. Marie est la première femme à recevoir ce prix, deux ans après sa création. En 1911, elle est à nouveau distinguée et reçoit le **prix Nobel de chimie**.

Pourquoi Léonard de Vinci fut-il invité en France par François Ier ?

Cette histoire se déroule pendant la Renaissance, en 1516. Léonard de Vinci s'était rendu célèbre en Italie pour ses tableaux (dont la célèbre Joconde) et ses sculptures, mais aussi comme architecte, inventeur et savant. Le roi de France, **François Ier, voulait avoir ce génie auprès de lui**. Léonard accepta l'invitation de François et il eut la bonne idée de prendre la Joconde avec lui. On pense que Léonard de Vinci participa à la création du magnifique château royal de Chambord.

Pourquoi Alfred Nobel est-il célèbre dans le monde entier ?

Né en 1833, ce Suédois a étudié la mécanique et la chimie. Dans les années 1880, **il a inventé la dynamite**, un explosif très puissant dont la mise à feu peut être contrôlée (en grec, *dunamis* signifie « puissance »). Son invention, qui a permis de limiter les accidents, a fait sa fortune. Grâce à elle, **il a fondé les prix Nobel**, qui récompensent chaque année des hommes ou des femmes qui se sont illustrés dans 5 domaines : la physique, la chimie, la physiologie ou la médecine, la littérature et la promotion de la paix.

Quelle formule a rendu célèbre Archimède ?

Archimède a vécu au IIIe siècle avant J.-C. C'est l'un des plus grands scientifiques de l'Antiquité et l'un des plus grands mathématiciens de tous les temps. On lui doit de nombreuses découvertes, des formules complexes qui servent encore aujourd'hui et son fameux « Eurêka ! » a traversé les siècles. Archimède aurait réfléchi longtemps à un problème. On raconte que c'est en prenant son bain qu'il a trouvé la solution. Tout excité par sa découverte, il serait sorti de sa baignoire et aurait couru, tout nu et tout mouillé, à travers les rues de Syracuse en criant **« Eurêka ! », qui signifie « J'ai trouvé ! ».**

À LA TÊTE du pays

Pourquoi Jules César s'est-il intéressé à la Gaule ?

Le rusé Jules César savait qu'une victoire militaire éclatante l'aiderait à devenir un grand chef romain. Justement, une grande partie de la Gaule restait à conquérir. La conquête fut longue et difficile, car les Gaulois résistaient vaillamment. César dut ensuite faire la guerre à ses adversaires romains, mais il finit par obtenir ce qu'il désirait : **être l'homme le plus important de Rome.**

Quand le général de Gaulle est-il devenu président de la République ?

Élu **le 21 décembre 1958**, le général de Gaulle a été président jusqu'au 28 avril 1969. Longtemps avant, en juin 1944, il avait déjà dirigé la France, mais sans être président. La deuxième fois, en 1958, il fut bien élu, après avoir été appelé par le gouvernement pour régler les problèmes de la guerre d'Algérie. Réélu en 1965, le général de Gaulle a finalement choisi de démissionner en 1969.

Le roi Dagobert mettait-il vraiment sa culotte à l'envers ?

Eh bien **non, contrairement à ce que dit la chanson**, le roi Dagobert n'était pas un rêveur qui enfilait à l'envers son pantalon. Dagobert Ier, roi dans les années 630, n'avait rien d'un endormi : il lutta pour imposer son pouvoir et participa à des batailles auprès de ses soldats. D'ailleurs, la chanson a été inventée beaucoup plus tard et, si l'on a choisi le nom de Dagobert, c'est surtout parce qu'il rime avec « à l'envers » !

Pourquoi Jeanne d'Arc est-elle partie en guerre ?

En 1429, **le royaume de France était menacé par les Anglais** alliés aux Bourguignons, qui occupaient le nord du pays et n'acceptaient pas le jeune roi Charles VII. C'est alors que Jeanne d'Arc, âgée de 17 ans, vint annoncer à Charles que des voix du ciel lui avaient demandé de chasser les Anglais. Le roi lui permit de partir en guerre.
Par ses brillantes victoires, Jeanne d'Arc donna l'avantage aux Français. En 1453, Charles VII mit fin à l'occupation anglaise de la France. Ainsi se termina la guerre de Cent Ans.

Pourquoi Napoléon Ier fit-il construire l'Arc de Triomphe à Paris ?

Dans l'Antiquité, à Rome, **les généraux célébraient leurs victoires** en défilant avec leurs troupes. Cela s'appelait un « triomphe ». Pour en garder le souvenir, on construisait un monument : un « arc de triomphe ». L'empereur Napoléon Ier voulut faire pareil : en 1806, il demanda de bâtir un édifice aussi majestueux que les arcs romains. Mais la construction s'arrêta après les défaites de l'armée napoléonienne. Finalement, l'Arc de Triomphe de Paris ne fut achevé que dans les années 1830, bien après la mort de l'empereur.

Pourquoi dit-on que Charlemagne a inventé l'école ?

Charlemagne régnait sur la France (sauf la Bretagne) et bien au-delà, vers le nord et vers l'est. Il a organisé cet immense empire et fait appliquer ses lois. Comme il lui fallait des personnes instruites pour l'aider à diriger, **il a créé une école dans son palais. Puis, il a demandé d'en ouvrir d'autres à travers l'empire.** C'est pour cela qu'on dit que Charlemagne a inventé l'école, même si des écoles existaient déjà avant lui.

Pourquoi Henri IV est-il surnommé le « Vert Galant » ?

Un homme galant est très **attentionné et serviable** avec les femmes. S'il reste ainsi, même en vieillissant, on dit qu'il est « vert ». Ce fut le cas d'Henri IV, roi de France de 1589 à 1610. Il eut toujours beaucoup de succès auprès des dames. Marié deux fois, père de six enfants, il avait aussi des enfants de ses nombreuses petites amies ! Ce n'était pas très sérieux, mais personne ne faisait de reproches à ce Vert Galant, sauf peut-être ses épouses légitimes.

Pourquoi Louis XVI fut-il guillotiné ?

Louis XVI était monté sur le trône en 1774. Mais il ne prit pas les bonnes décisions quand la riche noblesse s'opposa aux ministres, ni quand le peuple commença à se révolter. Louis XVI ne put empêcher la Révolution d'éclater en 1789. Puis, en 1791, il tenta de s'enfuir à l'étranger, mais fut rattrapé. Considéré comme un **ennemi de la Révolution**, il fut emprisonné avec sa famille en 1792, condamné à mort et guillotiné le 21 janvier 1793.

Pourquoi le président Chirac a-t-il obtenu tant de voix pour sa réélection en 2002 ?

Pour élire le président français, on vote au premier tour pour départager plusieurs candidats, puis au deuxième tour pour choisir entre les deux ayant obtenu le plus de voix. Avant 2002, les deux finalistes n'avaient pas eu le projet de quitter l'Union européenne ni d'empêcher les étrangers de s'installer en France. Ces idées étaient celles de Jean-Marie Le Pen, finaliste en 2002, face à Jacques Chirac. **La plupart des Français n'étaient pas d'accord avec Jean-Marie Le Pen, et c'est pourquoi ils votèrent Jacques Chirac à plus de 80 % !**

Pourquoi Vercingétorix fut-il vaincu par César ?

D'abord **parce que les armées romaines étaient redoutables**. Mais aussi parce qu'un vrai génie militaire les commandait : Jules César. En 52 avant J.-C., sa conquête de la Gaule fut arrêtée par Vercingétorix. C'est alors qu'il fit croire aux Gaulois qu'il fuyait devant eux. En fait, il les attira dans une plaine, près de Dijon, où ses armées purent déployer leur puissance. Malgré leur vaillance, les Gaulois furent vaincus. Réfugiés à Alésia, Vercingétorix et les autres chefs gaulois finirent par se rendre. La Gaule était conquise.

Pourquoi Clovis fut-il le premier roi de France ?

Lorsque Clovis devint roi des Francs, au début des années 480, il régnait sur un petit territoire au nord de la France. Mais le pays ne s'appelait pas ainsi : c'était encore la Gaule. Pourtant, **Clovis agrandit beaucoup son royaume**, jusqu'à lui faire couvrir une grande partie de la France actuelle. Et il adopta la religion chrétienne, qui allait devenir la plus importante du royaume. C'est pour ces raisons que Clovis est considéré comme le premier roi de France.

Pourquoi Aliénor d'Aquitaine fut-elle reine de France puis d'Angleterre ?

Fille du seigneur d'Aquitaine, une grande région du sud-ouest de la France, **Aliénor épousa le prince Louis en 1137**. Il devint rapidement roi, sous le nom de Louis VII, tandis qu'Aliénor était reine de France. Mais les époux s'entendaient mal, et leur mariage fut annulé en mars 1152. **Deux mois plus tard, Aliénor se remariait déjà !** Cette fois, c'était avec un prince anglais, ce qui lui permit de devenir reine d'Angleterre. Elle eut 10 enfants (avec ses deux maris) et mourut à 82 ans.

Qu'est-ce que les révolutionnaires reprochaient à la reine Marie-Antoinette ?

Durant la Révolution française, Marie-Antoinette est emprisonnée, puis jugée, condamnée et décapitée. Les révolutionnaires lui reprochent **d'avoir comploté avec les royaumes voisins afin de rétablir son époux Louis XVI dans tous ses pouvoirs**. En effet, la reine est en faveur de la monarchie absolue. Ses dépenses sont aussi très critiquées. Par exemple, le coût d'aménagement du Petit Trianon, à Versailles. Quoi qu'il en soit, la reine mourut dignement, le 16 octobre 1793.

Pourquoi François Ier a-t-il livré la fameuse bataille de Marignan ?

Sans doute le plus connu de tous les rois de la Renaissance, **François Ier tente de conquérir la région de Milan**. Il combat les Italiens près de la petite ville de Marignan, en 1515. Certes, le souverain remporte cette bataille. Mais ensuite, il perd la guerre et doit regagner son pays. Des artistes italiens le suivent ou le rejoignent peu après, comme le célèbre Léonard de Vinci, qui apporte la tout aussi célèbre Joconde, un tableau qui se trouve toujours en France…

Pourquoi Anne de Bretagne a-t-elle épousé deux rois de France ?

Duc de Bretagne, le père d'Anne n'a pas de fils. Il veut donc choisir avec soin le mari de son héritière ! D'abord, il marie Anne à Maximilien de Habsbourg. Mais le roi de France Charles VIII ne l'entend pas de cette oreille ! Il déclenche une guerre. Ce premier mariage est annulé, et **Charles VIII épouse Anne**. Malheureusement, ce nouveau mari meurt accidentellement. **Mais Anne se remarie avec un cousin du défunt, le nouveau roi de France, Louis XII.** Depuis cette époque, la Bretagne fait partie de la France.

Quel est le principal problème contre lequel Catherine de Médicis a dû lutter ?

Veuve du roi Henri II et régente sous ses fils, les rois François II et Charles IX, la reine Catherine de Médicis a fort à faire. En effet, à son époque, **la France est déchirée par une guerre civile que se livrent les catholiques et la minorité protestante**. La reine tente bien de ramener la paix entre les deux parties. Mais elle n'y réussit pas. Et on ne connaît pas bien le rôle qu'elle a joué lors du massacre de la Saint-Barthélemy durant lequel des milliers de protestants ont été tués.

Pourquoi Pépin le Bref est-il ainsi nommé ?

Pépin est son prénom, le Bref son surnom. Il est roi des Francs au VIIIe siècle. C'est le fils de Charles Martel et le père de l'empereur Charlemagne. C'est donc un membre de la dynastie des Carolingiens (du latin *Carolus*, d'où vient le prénom Charles). Pépin se consacre à renforcer son pouvoir et à conquérir des territoires pour agrandir son royaume. Par exemple en Aquitaine et dans le nord de l'Italie. Et au fait, pourquoi Pépin a-t-il été ainsi surnommé ? **Parce qu'il était petit !**

Comment Winston Churchill a-t-il combattu la barbarie nazie ?

En 1940, l'Allemagne nazie s'empare d'une grande partie de l'Europe. Le Royaume-Uni est le seul pays à lui résister. Le Premier ministre, Winston Churchill, **adresse un discours fameux aux Britanniques : « Je n'ai à offrir que du sang, de la peine, des larmes et de la sueur**. Vous me demandez quel est notre but ? (...) Je peux vous répondre d'un mot : c'est la victoire. » Sous sa direction, les Britanniques se rassemblent et relèvent le défi. Ils font partie, en 1944-1945, des vainqueurs de la Seconde Guerre mondiale.

Elisabeth II dirige-t-elle le Royaume-Uni ?

Couronnée en 1952, la reine Elisabeth II règne mais ne gouverne pas, selon la formule célèbre. C'est-à-dire qu'elle ne donne pas son avis dans le domaine de la politique, comme en 2016, sur le Brexit mis en œuvre quand les Britanniques ont décidé de quitter l'Union européenne. Également reine, par exemple, du Canada, d'Australie et de Papouasie-Nouvelle-Guinée, Elisabeth II est aujourd'hui le souverain qui règne depuis le plus longtemps.

Pourquoi George Washington a-t-il donné son nom à la capitale des États-Unis ?

Avec l'aide de soldats français, George Washington combat les Britanniques, qui dirigent une partie de l'Amérique du Nord. La guerre est longtemps incertaine. Finalement vainqueur, **Washington devient le premier président de la jeune république des États-Unis d'Amérique**. Il est même considéré comme l'un des meilleurs dirigeants de ce pays. En 1791, le nom de ce héros de l'indépendance est donné à la nouvelle capitale du pays, tout juste créée.

Quelle particularité présente Kamala Harris ?

Kamala Harris est devenue vice-présidente des États-Unis lorsque Joe Biden a pris ses fonctions de président, au début de l'année 2021. **C'est la première femme, de surcroît d'origine en partie jamaïcaine et indienne, à occuper ce poste.** Auparavant, elle a été procureure générale (ministre) de Californie et s'est plus particulièrement consacrée à la lutte contre le trafic de drogue et à l'encadrement du crédit. Elle a fait une partie de sa scolarité au Canada, en français.

Pourquoi l'assassinat de John F. Kennedy a tant marqué les esprits ?

Désigné par les électeurs américains à la fin de l'année précédente, membre d'une famille riche et célèbre, John F. Kennedy, souvent surnommé « JFK » est, en 1960, le plus jeune président américain. Son épouse, Jacqueline, dite « Jackie », belle et élégante, contribue à conforter sa popularité. Or, moins de trois ans après son élection, il est tué par balles à Dallas, une ville du Texas. **Les circonstances de cette mort, spectaculaire et filmée, n'ont pas été pleinement éclaircies à ce jour.**

Pourquoi l'élection de Barack Obama a-t-elle été si marquante ?

En 2008, l'élection à la présidence des États-Unis de Barack Obama a été un événement marquant. Celui-ci est d'origine kenyane par son père et américaine blanche par sa mère. S'il est donc métis, il se revendique comme Noir. Ce qui, aux États-Unis, a une importance particulière. En effet, dans ce pays, l'esclavage a autrefois revêtu une grande ampleur, et des lois racistes ont longtemps existé. **Premier Afro-Américain à devenir président, Barack Obama avait été réélu à la présidence en 2012.**

Pourquoi dit-on souvent qu'Angela Merkel est l'une des femmes les plus puissantes du monde ?

L'Allemande Angela Merkel a fait des études de physique et de chimie. Membre du Parti démocrate-chrétien (CDU, droite), elle devient la chancelière (Première ministre) de son pays en 2005. **Ses fonctions à la tête de l'État le plus peuplé et le plus riche d'Europe font d'elle l'une des femmes les plus puissantes du monde.** En 2017, Angela Merkel, très populaire dans son pays, a entamé son quatrième mandat de chancelière.

Louis XIV à Versailles

Louis XIV fit agrandir et décorer le château de Versailles pour y vivre avec sa Cour. Ses invités étaient éblouis par le luxe de la galerie des Glaces et des salons des grands appartements royaux. Louis XIV donnait de grandes fêtes dans les jardins de Versailles, avec des musiciens et comédiens, des bals et des feux d'artifice.

1 **Pourquoi** l'Orangerie de Versailles s'appelle-t-elle ainsi ?

❷ Que sont les « glaces » de la galerie des Glaces ?

A. Ce sont les nombreux cristaux scintillants des lustres et des chandeliers.

B. Ce sont les grands miroirs qui font face aux fenêtres.

C. Ce sont les planches vernies du parquet, qui réfléchissent la lumière.

❸ Quel grand artiste participait aux fêtes données par Louis XIV à Versailles ?

A. Léonard de Vinci

B. Molière

C. Mozart

Réponses page 120

Comment est morte l'impératrice Sissi ?

Elle a été assassinée en Suisse en 1898. Élisabeth de Wittelsbach, dite « Sissi », était l'épouse de François-Joseph Ier et donc, à ce titre, impératrice d'Autriche et reine de Hongrie. Elle avait tout pour être heureuse, elle était belle et son époux l'aimait. Pourtant, Sissi avait très peur de vieillir et de perdre son éclat. Pour tromper sa mélancolie et se distraire, elle voyageait sans cesse. Un jour qu'elle séjournait à Genève, **l'impératrice fut tuée par un anarchiste italien.**

De quel roi de France Diane de Poitiers a-t-elle été la favorite ?

Cette aristocrate, qui a vécu durant la Renaissance, a été aimée par le roi Henri II. Elle a fait travailler de nombreux artistes ou architectes, comme Philibert Delorme, qui a construit pour elle un château à Anet (Eure-et-Loir). S'y trouvait une magnifique fontaine ornée d'une sculpture représentant la déesse romaine de la Chasse prénommée... Diane. Parce qu'elle croyait que cela préservait sa beauté, Diane de Poitiers buvait de l'or. C'est peut-être ce qui a causé sa mort, à l'âge de 66 ans !

Qui était la reine Margot ?

Fille de Catherine de Médicis, la reine Marguerite de Valois, « la reine Margot », est **la sœur des rois François II, Charles IX et Henri III.** Elle est aussi l'épouse d'un cousin, le roi de Navarre, ensuite devenu roi de France sous le nom d'Henri IV. Et pourtant, la reine Margot n'a jamais été vraiment traitée en reine de France. En effet, elle a longtemps dû rester loin de Paris, en exil. Un jour, Henri IV l'a autorisée à revenir dans la capitale. Mais, entre-temps, les deux époux avaient divorcé !

Quel rôle politique a joué Jean Jaurès il y a plus d'un siècle ?

Jean Jaurès étudie puis enseigne la philosophie. Il soutient les mineurs de Carmaux (Tarn) lorsque ceux-ci demandent des droits. Jaurès devient député socialiste, puis fonde le journal *L'Humanité*. **Surtout, il rassemble les différents courants du socialisme français**, dans le but de transformer la société sans révolution. Mais la Première Guerre mondiale menace. Jaurès est en faveur de la paix. Or il est assassiné par un militant nationaliste, à Paris, le 31 juillet 1914.

Qui est la princesse Diana ?

Diana Spencer est une aristocrate anglaise qui épouse le prince Charles, héritier de la Couronne britannique, en 1981.
Ce mariage est fastueux. « Lady Di » se consacre à la lutte contre les mines antipersonnel et à celle contre le sida. Ce qui la rend très populaire. Mais le mariage n'est pas heureux : Charles et Diana vivent souvent chacun de leur côté. En 1987, la princesse, qui cherche à échapper à des paparazzis, trouve la mort à Paris, dans un accident de voiture.

Pourquoi Cléopâtre est-elle connue ?

Elle est la dernière reine d'Égypte et a eu une vie très romanesque !
Sa famille gouverne l'Égypte depuis Alexandre le Grand. Le but de Cléopâtre ? Empêcher les Romains de s'emparer de son pays, alors un grenier à blé. Pour cela, la reine séduit Jules César. Quand celui-ci est assassiné, elle devient la compagne d'Antoine, un autre militaire romain. Mais un troisième homme, Octave, s'oppose à elle. Cléopâtre est vaincue et se suicide. Et, en 30 avant J.-C., meurt donc la dernière pharaonne !

Comment est mort Abraham Lincoln ?

Ce président des États-Unis d'Amérique (le seizième, pour être précis !) **a été assassiné en 1865**. Élu cinq ans auparavant puis réélu, il était opposé à l'esclavage. Son arrivée au pouvoir provoqua un conflit civil opposant le Nord des États-Unis et le Sud, dont les plantations de coton employaient un grand nombre de Noirs, dépourvus de droits. Au terme de la guerre de Sécession, le Nord fut vainqueur. Mais un Sudiste assassina le président quelques jours à peine après la fin des hostilités.

Qui était Néfertiti ?

Une reine d'Égypte, qui a vécu au XIVe siècle avant J.-C. Ses origines sont mal connues, et on ne sait pas si elle est morte avant ou après son époux, le célèbre pharaon Aménophis IV ; celui-ci, également appelé Akhenaton, avait institué le culte d'un dieu unique, le soleil. En revanche, on sait que Néfertiti était très belle. D'ailleurs, son nom signifie : « La belle est venue ». On a conservé son buste, presque intact. En calcaire peint, cette œuvre se trouve aujourd'hui dans un musée de Berlin, en Allemagne.

Une belle PLUME

Est-ce vrai que Molière est mort sur scène ?

Presque ! Le 17 février 1673, alors qu'il était souffrant, Molière voulut absolument interpréter le rôle du *Malade imaginaire* au Palais-Royal de Paris, comme il l'avait fait les soirs précédents. Mais, sur scène, pendant la pièce, il s'évanouit. On le transporta chez lui, et c'est là qu'il mourut. Ce grand auteur de théâtre, admiré par le roi Louis XIV, avait succombé à une « fluxion de poitrine », une maladie grave des poumons, à l'âge de 51 ans.

Pourquoi le roman *La Disparition* est-il un exploit ?

Car son auteur, Georges Perec, l'a écrit **sans utiliser une seule fois la voyelle *e***, bien que ce soit la lettre la plus employée dans la langue française – ce qui constitue une véritable prouesse. La preuve ? Rien que dans cette réponse, il y a 65 *e*, y compris les *e* accentués ! Dans ses différentes œuvres, cet écrivain du XXe siècle a accordé une grande place à la construction du récit et à des jeux concernant le style.

Pourquoi le célèbre écrivain Victor Hugo dut-il partir de France ?

Victor Hugo est l'un des plus grands écrivains français. Né en 1802, il était déjà très célèbre en 1851. Pourtant, cette année-là, il préféra quitter la France, **parce qu'il ne supportait pas Napoléon III**. Jusqu'à la fin de son règne, en 1870, Victor Hugo resta hors de France et vécut sur des îles anglaises proches de la Normandie.

Pourquoi les frères Grimm ont-ils changé la fin de l'histoire du *Petit Chaperon rouge* ?

L'histoire du *Petit Chaperon rouge* est connue en Europe depuis le Moyen Âge. Dans un premier temps, elle s'est transmise oralement. Au XVIIe siècle, le Français Charles Perrault en a proposé une version écrite dans laquelle le loup dévore l'enfant et sa grand-mère. Au XIXe, les frères Grimm (des Allemands) ont rédigé ce conte à leur tour. Dans leur version, un bûcheron sauve la vie de la petite fille et de son aïeule. Ici, le bien finit donc par triompher, et le méchant – le loup – est tué. **La morale est sauve et les jeunes lecteurs moins attristés !**

Où J.K. Rowling a-t-elle l'idée du premier *Harry Potter* ?

Dans un wagon, **pendant un voyage en train** qui va de Manchester, où elle travaille comme secrétaire, à Londres. Le trajet durant plus longtemps que prévu, elle se met à rêver et invente l'histoire d'un jeune garçon qui se découvre des dons de sorcier, puis va dans une école de sorcellerie. Elle crée aussi plusieurs personnages, comme Ron ou Hagrid, et l'idée du château écossais pour le futur Poudlard lui vient de l'endroit où se sont rencontrés ses parents. De retour chez elle, elle écrit tout ce qu'elle a déjà imaginé et commence à stocker ses notes dans des boîtes à chaussures.

Pourquoi Françoise Sagan fait-elle scandale ?

Par sa façon de vivre. C'est son premier livre, *Bonjour tristesse*, qui marque son premier scandale. Elle a alors 18 ans et gagne très vite beaucoup d'argent.
« Dépense-le ! » lui dit son père. C'est ce qu'elle fait : elle dépense des fortunes en sorties en boîtes de nuit, en fêtes et en voyages, collectionne les voitures de sport qu'elle conduit pieds nus et se met à jouer au casino. Un soir, à Deauville, elle gagne une telle somme à la roulette qu'elle achète, dès le lendemain matin, le manoir normand qu'elle louait pour l'été ! C'est cette vie libre, oisive et bohème qui a sans doute choqué certains de ses contemporains, ainsi que la chance qui, malgré tout, ne l'a jamais quittée.

Comment Voltaire a-t-il trouvé son pseudonyme ?

Le vrai nom de Voltaire est François-Marie Arouet. Après son premier emprisonnement à la Bastille pour avoir écrit des vers moqueurs sur le Régent et sa fille, la duchesse de Berry, il décide de se faire connaître en tant qu'auteur de tragédies et de poésie. Il prend ce nom de plume à cette époque, signant d'abord « Arouet de Voltaire » avant d'opter pour « Voltaire » tout court. On a avancé diverses théories sur l'origine de ce choix, mais on admet plutôt l'hypothèse de **l'anagramme de son vrai nom écrit en latin, « Arouet LJ »** (LJ pour Le Jeune), ce qui donne « AROVET LI », les lettres latines transformant le *u* en *v* et le *j* en *i*.

Quel est le livre le plus connu de Saint-Exupéry ?

C'est ***Le Petit Prince***, qui est publié en 1943 à New York. Ce conte philosophique et symbolique, auquel Saint-Exupéry songeait depuis sept ans et qu'il a illustré lui-même à l'aquarelle, est traduit en 457 langues et s'est vendu dans le monde à plus de 145 millions d'exemplaires. Il est possible que le texte comporte quelques éléments autobiographiques de la vie de l'auteur. L'un des avions qu'il pilotait s'est d'ailleurs écrasé en 1939 dans le désert de Libye, et Saint-Exupéry a été sauvé par une caravane, ce qui lui a sans doute donné l'idée du début de son histoire.

Combien de fables La Fontaine a-t-il écrit ?

Jean de La Fontaine, qui a vécu au temps de Louis XIV, **a rédigé 243 fables**, rassemblées en trois recueils. Certes, il met en scène des animaux comme dans *La Cigale et la Fourmi, Le Corbeau et le Renard, Le Lièvre et la Tortue*, etc. Mais en décrivant leurs actions et leur caractère, l'auteur parle en fait des êtres humains. Le lion, par exemple, évoque le Roi-Soleil. Pour rédiger ses fables, La Fontaine s'est inspiré d'auteurs de l'Antiquité, comme le Grec Ésope.

UNE BELLE PLUME

Qu'invente Freud ?

La psychanalyse et la cure psychanalytique, dont il définit le protocole :
- les séances ont lieu au cabinet du psychanalyste ;
- la cure est divisée en plusieurs séances d'environ 50 minutes chacune ;
- le patient, allongé sur un divan, ne voit pas l'analyste, assis sur un fauteuil ;
- l'analyste doit écouter en restant neutre ;
- les séances sont payantes de manière que le patient leur accorde de la valeur.

Pourquoi surnomme-t-on « Castor » Simone de Beauvoir ?

C'est son ami René Maheu, qui apparaît sous le nom d'André Herbaud dans le livre *Mémoires d'une jeune fille rangée*, l'œuvre autobiographique de Simone de Beauvoir, qui la surnomme ainsi, parce que le nom Beauvoir ressemble au mot anglais *beaver* qui veut dire « castor ». Comme elle, **« les castors vont en bande et ont l'esprit constructeur »**. Jean-Paul Sartre, qui sera toute sa vie son « amour nécessaire », lui envoie de nombreuses lettres dont elle publiera un recueil, *Lettres au castor*, après la mort du philosophe.

Pourquoi Shakespeare est-il à la fois célèbre et mal connu ?

L'Anglais William Shakespeare est sans doute le plus fameux de tous les auteurs de théâtre. Nul n'ignore les amours de Roméo et Juliette. L'histoire du prince danois Hamlet est également célèbre. **Mais faute d'archives, la vie de Shakespeare, elle, est mal connue.** On sait que son père était un commerçant aisé, et pas grand-chose d'autre. Certains spécialistes de la littérature britannique estiment même que Shakespeare n'a pas pu écrire toutes les pièces qui lui sont attribuées !

La fabrication d'un livre de A à Z

Illustrés ou non, tous les livres commencent par être écrits par un auteur ! Au début de sa carrière, un écrivain envoie le plus souvent son manuscrit par la poste aux éditeurs qu'il a choisis, mais un éditeur peut aussi commander des textes à un auteur précis. Quand un projet est accepté, un contrat d'éditeur est signé entre la maison d'édition et l'auteur, qui reçoit une avance sur ses droits d'auteur.

Le texte doit être ensuite perfectionné et corrigé, ce qui nécessite de nombreuses relectures par l'auteur, l'éditeur et un correcteur. Si le texte est illustré, l'éditeur et l'auteur choisissent un illustrateur. L'éditeur dresse alors un plan du livre, ce qu'on appelle un « chemin de fer », et il en confie la réalisation à un graphiste. Ceux-ci décident, en accord avec l'éditeur, l'auteur et l'illustrateur, de la couverture du livre, de son format et de sa partie technique (présentation des pages, polices de caractères, etc.).

Quand tout est prêt, l'éditeur envoie le livre à un imprimeur. Celui-ci fait une première impression, les « épreuves », que l'auteur et le correcteur relisent et que l'illustrateur vérifie avant de donner ce qu'on appelle le « bon à tirer » (BAT). Après une dernière vérification, l'imprimeur, à qui l'éditeur a précisé la quantité d'ouvrages à imprimer, lance alors ses machines.

Dès que l'ouvrage est façonné, l'éditeur choisit la date de sa sortie. Trois mois avant cette date, il confie le livre à un diffuseur, c'est-à-dire à des représentants qui vont démarcher les librairies, et à un distributeur qui livrera les exemplaires en fonction des commandes passées. Enfin, le libraire conseille le livre à ses clients en fonction de ce qu'ils recherchent.

Lorsque le livre est enfin dans les rayons des librairies, il faut en faire la publicité. L'éditeur demande à son attaché de presse de choisir des journaux, des émissions de radio et de télévision à qui l'envoyer. Par la suite, l'auteur peut aussi être invité dans des festivals ou dans des librairies pour dédicacer son livre au public. Si le livre ne rencontre pas de succès, le libraire renvoie les exemplaires invendus à l'éditeur, qui décide alors de les solder ou de les pilonner, c'est-à-dire de les vendre à bas prix ou de les détruire.

Quelle autre langue que le français parle Marguerite Duras ?

Elle parle parfaitement **le vietnamien**, puisqu'elle est née près de Saïgon (Hô Chi Minh-Ville), dans ce qu'on appelle alors la Cochinchine et qui est le Vietnam actuel. Selon les affectations de sa mère, qui est institutrice, la jeune Marguerite vit successivement au Cambodge et au Vietnam. C'est à Saïgon qu'elle passe son bac avant de venir vivre en France. Toutes ces années en Asie l'inspirent pour quatre de ses livres, *Un barrage contre le Pacifique*, *L'Amant*, *L'Amant de la Chine du Nord* et *L'Éden Cinéma*.

Quel est le sort des galopins dans le livre de Roald Dahl, *Charlie et la chocolaterie* ?

Charlie et la chocolaterie est l'un des plus grands succès de l'écrivain pour la jeunesse, Roald Dahl. **Si le jeune Charlie est un garçon sage et gentil, ce n'est pas le cas des autres enfants** qui visitent avec lui la chocolaterie fantastique du mystérieux Willy Wonka ! Augustus Gloop est si glouton qu'il tombe dans une rivière de chocolat et ressort d'un tuyau avec la forme d'un maigre cornichon. Violette Beauregard, obsédée par les chewing-gums, en vole un à Willy et se retrouve changée en myrtille géante. Veruca Salt, enfant capricieuse et gâtée, est jetée dans un vide-ordures. Quant à Mike Teavee, qui n'aime que regarder la télévision, il se retrouve miniaturisé par une caméra !

Quel est le thème principal des œuvres de Jane Austen ?

L'obsession du **mariage**, qu'elle aborde toujours avec humour. À l'époque où elle vit, les femmes ne sont jamais libres et n'ont que peu de possibilités de gagner leur vie. Durant leur jeunesse, leur père et leur famille gèrent leurs biens et après leur mariage, elles sont entretenues par leurs maris. Les filles sont éduquées pour devenir aussi « mariables » que possible : elles doivent être belles, savoir jouer du piano et chanter, savoir dessiner et peindre, savoir broder, parler français... Elles n'ont en outre que peu de temps pour trouver un fiancé, car on les considère comme vieilles... dès l'âge de 25 ans !

Que veut dire l'expression « madeleine de Proust » ?

Lorsque Marcel Proust écrit *Du côté de chez Swann*, le premier des sept tomes d'*À la Recherche du Temps perdu*, sa suite romanesque, il commence par raconter les vacances qu'il passe, enfant, à Combray, et parle notamment de la tasse de thé et des madeleines que sa mère lui propose un jour. Devenu adulte, le goût du thé et les miettes du même gâteau, par association, font brusquement revenir à sa mémoire ces souvenirs oubliés du bonheur de son enfance. Depuis, l'expression « madeleine de Proust » qualifie **un objet, un acte ou un aliment qui rappelle à quelqu'un des souvenirs heureux**.

Comment George Sand choisit-elle son pseudonyme ?

La rencontre à Paris d'Aurore Dupin, qui n'est pas encore George Sand, avec l'écrivain Jules Sandeau est déterminante : tous deux écrivent un roman à quatre mains, *Rose et Blanche*, publié sous le pseudonyme de Jules Sand. Comme le livre a du succès, l'éditeur en commande un deuxième. Aurore, qui vient de terminer *Indiana*, lui propose le texte. Avec élégance, Jules Sandeau, qui ne l'a pas écrit, n'accepte pas de le cosigner. **Aurore garde alors le nom de « Sand » et prend pour prénom « George » sans s.** C'est aussi à cette époque qu'elle obtient de la Préfecture de police une « permission de travestissement » qui lui accorde le droit de s'habiller en homme.

Où a vécu Jean-Jacques Rousseau ?

Partout et nulle part ! Il naît à **Genève**, passe sa jeunesse en **Italie** et en **Suisse** et n'arrive à **Paris** qu'au début de sa carrière d'écrivain, de musicien et de philosophe. Un séjour d'une année à Venise lui inspire les premières idées du *Contrat Social*, l'une de ses œuvres les plus importantes. Progressivement, ses livres le rendent célèbre, mais ses théories nouvelles sur la démocratie, qui feront de lui l'un des auteurs vénérés par les révolutionnaires, l'obligent à fuir la France pour la Suisse, puis pour l'Angleterre où il écrit les premiers chapitres des *Confessions*. Poursuivi par les uns, protégé par d'autres, il revient en France et voyage sans cesse d'une province à l'autre. Il meurt au château d'Ermenonville à 66 ans, onze ans avant la Révolution.

Quel jeu Jacques Prévert a-t-il inventé ?

Né en 1900, le poète surréaliste Jacques Prévert aimait jouer avec les mots autant qu'avec les images. En 1925, dans la maison qu'il partage avec l'éditeur Marcel Duhamel et le peintre Yves Tanguy, il invente avec ce dernier le jeu du « **Cadavre exquis** ». La règle est simple : faire composer une phrase ou un dessin par plusieurs personnes sans qu'aucune d'entre elles ne connaisse les mots ou compositions précédentes. Dans le cas d'une phrase, un joueur écrit un sujet ; le joueur suivant, un adjectif ; le suivant, un verbe ; le suivant, un complément ; le dernier, un adjectif. À chaque fois, le papier est replié pour qu'aucun des participants ne voie ce qui a été écrit avant lui. C'est la première phrase inventée par les deux amis qui a donné son titre au jeu : « Le cadavre - exquis - boira - le vin - nouveau. »

Quels sont les deux personnages les plus célèbres d'Agatha Christie ?

D'abord le détective privé **Hercule Poirot**, un ancien policier belge installé en Angleterre. Christie lui donne une petite taille, une tête en forme d'œuf et une moustache ridicule. Toujours impeccablement habillé, Poirot a la réputation de pouvoir résoudre une affaire de son fauteuil rien qu'en faisant marcher ses « petites cellules grises », c'est-à-dire son intelligence et son raisonnement. Inventée plus tard, **Miss Marple**, est, elle, une vieille et charmante demoiselle anglaise qui vit dans le village fictif de St. Mary Mead. Surnommée par l'un de ses amis « Némésis », la déesse grecque du châtiment céleste, elle résout les crimes auxquels elle est confrontée en partant du principe que « la nature humaine est partout la même ».

Liberté, égalité, FRATERNITÉ

Qu'est-ce que Confucius a apporté à la civilisation chinoise ?

Né en 551 avant J.-C. et mort en 479 avant J.-C., Confucius étudie les textes anciens avant de se consacrer à l'enseignement de ses disciples. Sa pensée a pour but d'instaurer harmonie et ordre dans les relations humaines. Pour cela, **Confucius énumère un ensemble de valeurs et de rites qu'il appelle à respecter. Ses idées ont toujours une grande influence sur la société chinoise**.

Quel acte, risqué et courageux, a accompli Rosa Parks ?

Un jour de 1955, à Montgomery, dans le sud des États-Unis, **Rosa Parks refuse de laisser son siège à un voyageur blanc dans un bus**. À cette époque, et dans l'État où elle vit, l'Alabama, les Noirs doivent ainsi céder leur place. Rosa Parks est arrêtée, jugée, condamnée. Pour manifester leur mécontentement, les Noirs décident de ne plus prendre les bus de la ville. Un an plus tard, la Cour suprême des États-Unis se prononce en faveur de la fin de la ségrégation raciale dans les bus.

Pourquoi Malala Yousafzai a-t-elle reçu le prix Nobel de la paix ?

Malala Yousafzai naît au Pakistan en 1997. Enfant, elle dénonce les violences que les habitants de sa région subissent de la part des islamistes. Ceux-ci s'opposent à ce que les filles aillent à l'école. En 2012, l'adolescente subit une tentative d'assassinat. Heureusement, la blessure n'est pas mortelle. Depuis, **Malala Yousafzai ne cesse de réclamer le droit à l'éducation pour tous**. Elle a reçu en 2013 le prix Nobel de la paix, qu'elle partage avec un Indien, qui milite lui aussi pour les droits des enfants.

Quel fameux appel l'abbé Pierre lance-t-il en 1954 ?

Né en 1912 et mort en 2007, l'abbé Pierre a appartenu à la Résistance durant la Seconde Guerre mondiale. Ensuite élu député, il se consacre à aider les plus pauvres. Pendant l'hiver 1954, glacial, **ce religieux lance un appel à la radio afin de demander une « insurrection de la bonté pour les sans-logis »**. Les Français sont émus, et les dons affluent. L'abbé Pierre est aussi le fondateur de l'association Emmaüs. Celle-ci vient au secours des plus démunis, leur fournit logement, travail et repas.

Pourquoi Olympe de Gouges a-t-elle été guillotinée ?

Toute sa vie, Olympe de Gouges a défendu les faibles, les pauvres et les opprimés, par exemple les femmes, les Noirs, les orphelins. Au début de la Révolution française, elle rédige la Déclaration des droits de la femme et de la citoyenne. Opposée à la peine capitale, elle demande la grâce du roi Louis XVI. **Elle s'oppose aux Montagnards, les révolutionnaires les plus radicaux, qui la condamnent à mort.** Ainsi, cette généreuse humaniste est décapitée à son tour, en 1793.

À quelle cause s'est consacrée mère Teresa ?

Née dans l'actuelle Macédoine du Nord, mère Teresa a passé l'essentiel de sa vie en Inde. Catholique, elle fonde en 1950 les Missionnaires de la Charité. **Les religieuses de cet ordre viennent en aide aux pauvres, aux malades et aux mourants.** Elles sont particulièrement actives à Calcutta (dans le nord-est de l'Inde). C'est dans cette ville que mère Teresa est morte, à 87 ans, après avoir reçu le prix Nobel de la paix dix-huit ans auparavant.

Quel était le rêve de Martin Luther King ?

Martin Luther King est un pasteur américain noir. Il mène une action non violente pour demander l'égalité : jusque dans les années 1960, aux États-Unis, des lois racistes privent les Noirs de nombreux droits. Martin Luther King devient le principal dirigeant du mouvement des droits civiques. Dans un très célèbre discours de 1963, **« I Have a Dream » (« J'ai un rêve »)**, il espère qu'un jour, Noirs et Blancs s'assiéront « ensemble à la table de la fraternité ». Il est assassiné par un Blanc cinq ans plus tard.

En quoi Gandhi a-t-il joué un rôle déterminant dans l'indépendance de l'Inde ?

Au début du XXe siècle, l'empire des Indes est une colonie du Royaume-Uni. Parmi les Indiens qui demandent l'indépendance, figure Gandhi. Celui-ci **recommande la non-violence et la désobéissance civile pacifique**. Il dénonce aussi le système des castes (chaque Indien appartient à un groupe social et ne peut le quitter). Souvent emprisonné, Gandhi mène une vie très simple. En 1947, l'indépendance est proclamée. Deux États naissent alors : l'Inde et le Pakistan. Mais Gandhi est tué peu après par un extrémiste hindou.

La Révolution française

La Révolution française a profondément marqué l'histoire de France. Et aussi l'histoire du monde. Quelles en sont les principales étapes ?

LA PRISE DE LA BASTILLE

Depuis plusieurs mois, les députés des États généraux travaillent à limiter les droits de Louis XVI. Mais le peuple de Paris craint que le roi ne veuille restaurer la monarchie absolue. Le 14 juillet, il veut s'emparer de la Bastille, qui symbolise le pouvoir du roi. Peu nombreux, les soldats tentent de se défendre, mais la Bastille est prise d'assaut. Le pouvoir de Louis XVI est remis en cause.

CHUTE DU ROI

Durant l'été 1792, l'opposition entre le roi et les Parisiens atteint un point extrême. Les adversaires du roi redoutent que des armées étrangères n'envahissent la France pour restaurer le pouvoir de Louis XVI. Le 10 août, une foule de Parisiens attaque le palais des Tuileries, où demeure le roi. Quelques jours plus tard, celui-ci est détrôné. La République est proclamée.

EXÉCUTION DE LOUIS XVI

Le 5 décembre 1793, les députés de la Convention décident de juger Louis XVI, emprisonné avec sa famille dans la tour du Temple. Le roi est, entre autres, accusé d'avoir voulu rétablir son pouvoir absolu en s'appuyant sur les monarchies étrangères. Louis XVI est condamné à mort et guillotiné le 21 janvier 1793 à Paris.

LA TERREUR

La Terreur est la période qui court sur 1793 et 1794. Mené par Robespierre, le gouvernement révolutionnaire affronte plusieurs problèmes. À l'Ouest, il fait la guerre aux Chouans et aux Vendéens, partisans de la monarchie. À l'Est, il lutte contre les armées étrangères qui combattent elles aussi la Révolution. S'y ajoute une crise économique ! Des mesures sévères sont prises. Ceux qui s'opposent à la Révolution sont guillotinés.

LE 18 BRUMAIRE

Après la Terreur, le régime du Directoire est mis en place. Mais le régime républicain est faible. Un jeune général, Napoléon Bonaparte, veut établir un pouvoir fort. Le 18 brumaire an VIII (9 novembre 1799), il organise un coup d'État. Le lendemain, il instaure le Consulat. Le nouveau gouvernement annonce : « La Révolution est [...] finie. » Cinq ans plus tard, Bonaparte devient l'empereur Napoléon Ier.

Pourquoi Louise Michel a-t-elle vécu durant une partie de sa vie en Nouvelle-Calédonie ?

Louise Michel est une institutrice française. Ses convictions féministes et anarchistes (contre le pouvoir) la conduisent à prendre une part active à la Commune de Paris, en 1871. **Pour cette raison, cette femme est condamnée à la déportation en Nouvelle-Calédonie.** Là, elle prend la défense des Canaques lorsque ceux-ci entrent en conflit avec les colons français venus de métropole. Après avoir regagné l'Europe, Louise Michel enseigne de nouveau à Londres, avant de mourir à Paris, en 1905.

Quel témoignage bouleversant Anne Frank nous a-t-elle laissé ?

Née en 1929, Anne Frank doit quitter l'Allemagne avec sa famille en raison des persécutions que le régime met en place à l'encontre des juifs. La famille se réfugie à Amsterdam, aux Pays-Bas. Mais ce pays est envahi par les nazis, et les Frank doivent se cacher. Durant plus de deux ans, **l'adolescente tient un journal intime. Elle y raconte sa vie et celle des siens.** Les Frank sont finalement arrêtés et déportés. Anne Frank meurt à Auschwitz. Mais son journal a été traduit et publié dans plus de 70 langues.

Pourquoi Jean Moulin est-il le symbole de la Résistance ?

Jean Moulin, né en 1899, fait des études de droit. Il devient ensuite le plus jeune préfet. Il est en poste à Chartres au moment de l'exode (la fuite de nombreux Français devant les victoires de l'armée allemande). **En 1941, le général de Gaulle lui demande d'unifier la Résistance française et de créer une armée secrète.** Moulin obéit. Mais deux ans plus tard, il est arrêté. Il meurt sous la torture quelques jours plus tard. Depuis 1964, sa dépouille se trouve au Panthéon, à Paris.

Quel acte héroïque a commis Lucie Aubrac ?

Professeure d'histoire et de géographie, Lucie Bernard entre dans la Résistance en compagnie de son époux, Raymond Samuel (Aubrac est le nom qu'ils adoptent tous deux dans la clandestinité). En 1943, après que son mari a été arrêté, Lucie ne se décourage pas. **Avec d'autres résistants, elle organise l'attaque du fourgon où se trouve le prisonnier !** Et celui-ci réussit à s'enfuir ! Après la guerre, les deux époux donnent de nombreuses conférences afin de témoigner sur la Résistance.

Quel est le combat d'Angela Davis ?

Née en 1944, Angela Davis est une militante américaine qui s'est consacrée à **défendre la cause des femmes et celle des Noirs**. Après avoir étudié la philosophie, ses activités militantes l'ont conduite, dans les années 1970, à être emprisonnée. Elle a échappé à la peine de mort. Par la suite, Angela Davis est devenue enseignante dans une université de Californie. Puis elle a milité en faveur des droits des homosexuels et des transgenres, et aussi pour l'abolition de la peine de mort.

Qui est le dalaï-lama ?

Le premier dalaï-lama a vécu au XVe siècle. **Ses successeurs ont été les chefs spirituels du Tibet**, où la population est bouddhiste. Au fil du temps, **les dalaï-lamas sont également devenus des responsables politiques**. En 1959, le quatorzième dalaï-lama a quitté le Tibet car il ne voulait pas se trouver sous le contrôle de l'armée chinoise envoyée par Pékin. Depuis, il vit en exil, en Inde. Il défend les intérêts du Tibet tout en recommandant la non-violence. Il a obtenu le prix Nobel de la paix en 1989.

Quel est le principal combat mené par Simone Veil, ancienne déportée ?

Née dans une famille juive, Simone Veil est déportée en 1944. Elle échappe à la mort et regagne la France à la fin de la guerre. Ministre de la Santé, elle fait voter, en 1975, la loi dépénalisant l'interruption volontaire de grossesse (l'IVG). **Mais défendre la construction de l'Europe lui tient particulièrement à cœur.** Pour garantir, déclare-t-elle, « quelles que soient nos divergences, cette paix qui est probablement, pour tous les Européens, le bien le plus précieux ». Morte en 2017, elle repose au Panthéon.

Quel homme d'Afrique du Sud est resté 27 ans en prison ?

Né en 1918, **Nelson Mandela** a, dès les années 1940, commencé à militer contre le sort qui était alors réservé aux Noirs par la minorité blanche en Afrique du Sud (cette politique, nommée « apartheid », a été systématisée en 1948). Il a été condamné à la prison à vie en 1964. Finalement libéré en 1990, il s'est employé à mettre en place la démocratie dans son pays. Il a reçu le prix Nobel de la paix en 1993 et a été élu, l'année suivante, président de la République. Il s'est éteint en 2013, laissant un pays réconcilié avec lui-même.

Autour du MONDE

Qu'a inventé Jacques Cartier ?

Jacques Cartier, navigateur, explorateur, cartographe et écrivain, cherche à atteindre l'Asie lorsqu'il découvre les rives du fleuve Saint-Laurent. Les premiers habitants qu'il rencontre dans ce pays inconnu vivent dans une bourgade qu'ils appellent « kanata ». Cartier le retranscrit en « **Canada** » et appelle ce peuple les « Canadiens », inventant ainsi le nom que ce pays a gardé. En réalité, les gens qu'il a rencontrés sont des Iroquois, et leur petite ville s'appelle « Stadaconé ». Le mot « kanata » signifiait « village entouré de pieux » dans la langue iroquoienne. Par la suite, le territoire exploré par Cartier, c'est-à-dire la région de Québec, fera partie, avec l'Acadie et la Louisiane, de « La Nouvelle France ».

Qu'est devenue la pirate Anne Bonny ?

À 16 ans, Anne, qui s'est enfuie de chez elle avec son premier mari, débarque sur l'île de New Providence aux Bahamas. Elle y fait la connaissance du capitaine Jack Rackham, pirate connu sous le nom de Calico Jack, tombe amoureuse de lui et s'embarque sur son navire sous le nom d'Adam Bonny. Après bien des exploits, elle sera capturée avec Jack et l'équipage. Mais elle réussira à échapper à la pendaison, **disparaissant ensuite sans laisser de traces**...

Quel nom d'emprunt adopte Mary Read ?

Mary, habillée comme un garçon depuis son enfance, s'est d'abord engagée dans l'armée anglaise, puis sur un navire marchand sous le nom de **Willy Read**. Enrôlée par Jack Rackham, qui ne se doute pas au début qu'elle est une femme, elle devient la meilleure amie d'Anne Bonny, combattant comme elle avec bravoure et férocité. Après sa capture, elle évitera elle aussi la pendaison, mais mourra en prison de la fièvre jaune.

Quand Neil Armstrong a-t-il posé le pied sur la Lune ?

Les astronautes américains Neil Armstrong, Edwin Aldrin et Michael Collins décollent à bord de la fusée *Saturne V* lors de la mission Apollo 11. Direction : la Lune ! Le **20 juillet 1969**, Armstrong foule le sol lunaire et y plante le drapeau américain. Il en rapportera des cailloux et de la poussière du sol aussi fine que du talc...

Le premier tour du monde

L'expédition de Magellan partit en septembre 1519 de Séville, en Espagne. Elle comptait 237 hommes, répartis sur 5 navires. Après bien des drames, seuls 35 de ces marins pionniers revinrent en Espagne, entre 1522 et 1526.

1 De quel pays Magellan était-il originaire ?

A. De France

B. D'Espagne

C. Du Portugal

2 Les navires de l'expédition ont-ils d'abord contourné l'Afrique ou l'Amérique du Sud ?

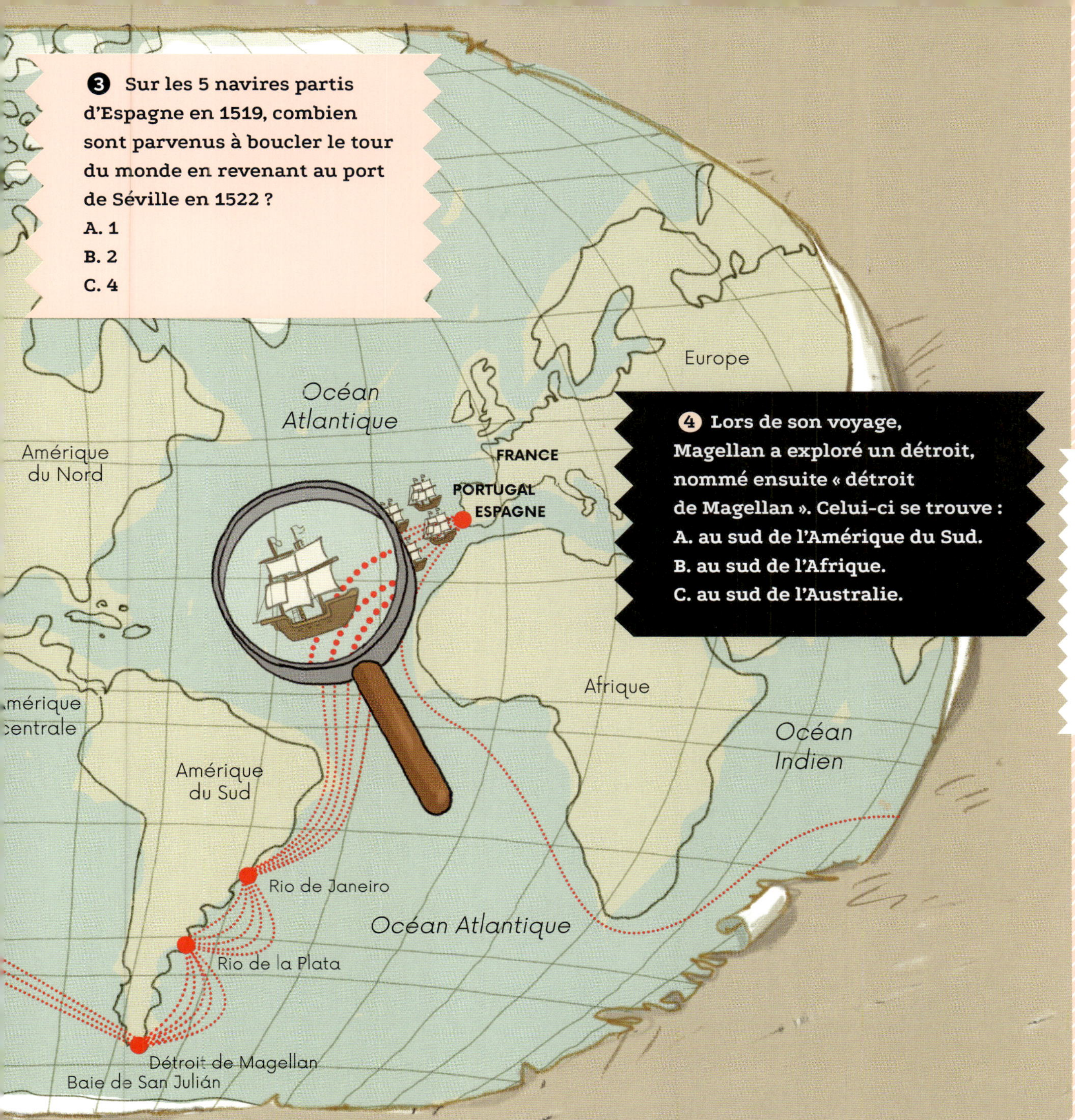

3 **Sur les 5 navires partis d'Espagne en 1519, combien sont parvenus à boucler le tour du monde en revenant au port de Séville en 1522 ?**

A. 1

B. 2

C. 4

4 **Lors de son voyage, Magellan a exploré un détroit, nommé ensuite « détroit de Magellan ». Celui-ci se trouve :**

A. au sud de l'Amérique du Sud.

B. au sud de l'Afrique.

C. au sud de l'Australie.

Réponses page 120

Pourquoi Surcouf est-il un corsaire célèbre ?

Né en 1773, Robert Surcouf était un Breton. Il embarqua comme élève sur des navires marchands, puis militaires. Capitaine à l'âge de 20 ans, il décida de devenir corsaire, c'est-à-dire d'attaquer des navires étrangers pour le compte de la France. Les vaisseaux britanniques chargés de butin subirent ses assauts dans l'océan Indien. **En quelques années, il conquit des dizaines de navires. Surcouf traitait bien ses prisonniers**, ce qui contribua à faire de lui une célébrité.

Y a-t-il des pirates français aussi terribles que Barbe-Noire ?

Barbe-Noire était un pirate britannique qui opérait dans les Caraïbes. Il ornait sa longue barbe de rubans et il y allumait des flammèches pour être plus effrayant. Il mourut au combat en 1718. **Les pirates français** sont moins célèbres aujourd'hui, mais ils **étaient tout aussi terribles**. Il y avait « La Buse », qui fut décapité sans avoir dit où il avait caché son trésor, et François L'Olonnais, le plus féroce de tous, qui finit dévoré par des cannibales. Quant à Jean Lafitte, il s'installa en Amérique, où il devint trafiquant et espion.

Pourquoi Magellan n'a-t-il pas fini son tour du monde ?

Parce qu'il fut tué par les habitants des Philippines, avant d'avoir pu boucler ce tour du monde. Né portugais en 1480, ce navigateur, une fois devenu adulte, entra au service du roi d'Espagne. Il partit de Séville en 1519, traversa l'Atlantique et une partie du Pacifique mais fut assassiné deux ans plus tard. Ses compagnons (du moins les rescapés de divers drames) poursuivirent leur périple. Ils traversèrent l'océan Indien, franchirent le cap africain de Bonne-Espérance et réussirent à revenir en Espagne en 1522.

Jusqu'où Marco Polo a-t-il voyagé, au XIIIe siècle ?

Le Vénitien Marco Polo naît en 1254, dans une famille de commerçants. En 1271, le pape le charge de mener une mission diplomatique, avec son père et son oncle, auprès du grand khan, Kubilay, l'empereur de Chine. Marco Polo demeure dans ce pays durant de longues années et ne revient en Italie qu'en 1295. Entre-temps, outre **l'Asie centrale**, le voyageur a parcouru **l'Empire du Milieu et l'Asie du Sud-Est**. S'il parle du Japon dans ses Mémoires, le *Livre des merveilles*, Marco Polo n'est jamais allé dans ce pays.

Quelle cause défend la jeune Greta Thunberg ?

Née en Suède en 2003, **Greta Thunberg est une militante écologiste qui dénonce les méfaits du réchauffement climatique.** Tous les vendredis, afin de défendre sa cause, elle se rend devant le parlement de son pays. Connue dans le monde entier, la jeune fille est intervenue devant la COP24, une conférence organisée par l'ONU en décembre 2018. En France, elle s'est exprimée devant l'Assemblée nationale. Elle ne se déplace jamais en avion, parce que ce moyen de transport émet des gaz à effet de serre.

Pour quel exploit Alexandra David-Néel est-elle connue ?

Pour avoir été **la première femme européenne à être entrée au Tibet**, puis à Lhassa, sa capitale. Nous sommes en 1924, et Lhassa est alors interdite aux étrangers. Décidée à en franchir les portes, Alexandra s'habille en mendiante, se fabrique des nattes en poils de yack, se couvre le visage de cendres et se coiffe d'une toque de fourrure traditionnelle. Accompagnée par le jeune lama Aphur Yongden, fidèle compagnon d'exploration qu'elle adoptera quelques années plus tard, elle parvient à visiter incognito la ville et le Potala, le palais des dalaï-lamas. Cependant, comme elle va tous les matins se laver à la rivière par souci de propreté, elle finit par être démasquée ! Heureusement, elle a déjà quitté la ville avec Yongden lorsque le gouverneur de Lhassa apprend sa présence.

Quelle est la place de Valentina Terechkova dans la conquête spatiale ?

Valentina Terechkova entame sa vie professionnelle en tant qu'ouvrière dans une usine de textile. Elle est ensuite sélectionnée dans le cadre d'un programme spatial mis en place par l'ancienne Union soviétique. **C'est la première femme à effectuer, en juin 1963, un vol dans l'espace.** En souvenir de ce voyage, le nom de Valentina Terechkova, nommée « Héros de l'Union Soviétique », a été donné à l'un des cratères de la Lune.

À quels animaux Jane Goodall a-t-elle consacré sa vie ?

Rien ne prédisposait Jane Goodall à suivre la voie qui l'a rendue célèbre. Née à Londres en 1934, elle devient secrétaire. Diplôme en poche, elle part en Afrique de l'Est. **Là, la jeune femme s'intéresse aux chimpanzés qui habitent près du lac Tanganyika.** Elle observe de près ces animaux et la manière dont ils vivent, en déduit qu'ils sont proches des hommes. Jane Goodall mesure, en particulier, que les chimpanzés ont chacun leur personnalité propre, qu'ils éprouvent, comme les hommes, des émotions.

Qu'est-ce que le commandant Cousteau faisait avec *La Calypso* ?

D'abord officier de la Marine nationale française, **Jacques-Yves Cousteau quitte l'armée en 1949 pour se consacrer à l'exploration des océans**. Pendant des décennies, il navigue sur les mers du monde à bord d'un navire d'exploration baptisé *La Calypso*. Cette embarcation est équipée de matériels de haute technologie : une soucoupe de plongée, un sous-marin à deux places ainsi qu'un scaphandre autonome. S'y ajoute un équipement permettant le tournage de films documentaires.

Comment Amelia Earhart est-elle devenue aviatrice ?

Un baptême de l'air, alors qu'elle est encore une étudiante préparant médecine, lui donne la passion de l'aviation. On est en 1920, elle a 23 ans. Élève infirmière, puis assistante sociale, **elle prend des cours de pilotage** en parallèle et parvient à économiser suffisamment d'argent pour s'acheter son premier avion, un biplan jaune citron qu'elle baptise *Canary*. En 1928, elle est la première femme à traverser l'Atlantique en avion, mais elle le fait en tant que passagère, comme un « sac de pommes de terre » selon ses propres mots. En 1932, c'est cette fois en tant que pilote qu'elle devient la première femme à traverser l'Atlantique en solitaire.

Pourquoi a-t-on donné le nom de Gagarine à un cratère lunaire ?

En 1959, les responsables du programme spatial soviétique cherchent leur premier cosmonaute parmi les jeunes pilotes de l'armée de l'air de l'URSS. La future capsule spatiale étant très petite, il leur faut aussi un homme ne mesurant pas plus d'1,70 m. Youri Gagarine a 25 ans, est pilote de chasse depuis deux ans et mesure 1,58 m. Son intelligence, son exigence de perfection, sa mémoire, sa concentration, ses réactions très rapides et sa parfaite compréhension des mathématiques l'emportent sur les autres candidats. En 1961, la mission *Vostok 1* fait de lui **le premier être humain à accomplir un vol orbital autour de la Terre**.

Comment Wangari Maathai combat-elle la déforestation ?

Toute sa vie, la Kényane Wangari Maathai a milité, outre la démocratie, en faveur de l'écologie et du développement durable. Biologiste et vétérinaire, **elle a incité les femmes de son pays à planter des arbres** afin de constituer des « ceintures vertes » autour des villes et des villages. Dans quel but ? Pour limiter l'érosion et se procurer du bois pour cuisiner. Elle a reçu le prix Nobel de la paix en 2004 et fut ainsi la première Africaine à recevoir cette récompense.

Frise chronologique

Il y a 1 million d'années : premiers humains en France.

Il y a 17 000 ans : peintures de la grotte de Lascaux.

Il y a 6 000 ans : alignements de menhirs de Carnac.

PRÉHISTOIRE

ANTIQUITÉ

- 500 avant J.-C. : installation des Gaulois.
- 390 avant J.-C. : des Gaulois attaquent et pillent Rome.
- 58 avant J.-C. : début de la conquête de la Gaule par Jules César.
- 46 avant J.-C. : mort de Vercingétorix.

476 : début du Moyen Âge.
481 : Clovis devient roi des Francs.
800 : couronnement de Charlemagne.

987-1328 : dynastie des Capétiens (à partir d'Hugues Capet).
1337 : début de la guerre de Cent Ans.
1431 : mort de Jeanne d'Arc.
1453 : fin de la guerre de Cent Ans.
1483 : mort de Louis XI.
1492 : fin du Moyen Âge.

MOYEN ÂGE

TEMPS MODERNES

1515-1547 : règne de François Ier.
1539 : le français devient la langue officielle du royaume.
1572 : massacre de la Saint-Barthélemy.
1589-1610 : règne d'Henri IV.
1642 : révoltes de la Fronde.
1643-1715 : règne de Louis XIV.
XVIIIe siècle : siècle des Lumières.
1715-1774 : règne de Louis XV.
1789 : début de la Révolution française.

1792 : proclamation de la République.
1792-1794 : la Terreur.
1793 : exécution de Louis XVI.
1799 : coup d'État de Napoléon Bonaparte.

XIXe SIÈCLE

1804 : couronnement de Napoléon Ier.
1805 : victoire d'Austerlitz.
1812 : campagne de Russie.
1815 : défaite de Waterloo. Napoléon est exilé à Sainte-Hélène.
1830 : les Trois Glorieuses.
1848 : abolition de l'esclavage.
1852 : Napoléon III proclamé empereur.
1871 : défaite contre la Prusse et les États allemands.
1889 : inauguration de la tour Eiffel.

XXe SIÈCLE

1900 : inauguration du métro parisien.
1900-1914 : la Belle Époque.
1914-1918 : Première Guerre mondiale.
1920-1929 : les Années folles.
1936 : début des congés payés.
1939-1945 : Seconde Guerre mondiale.
1940 : début de l'Occupation.
1944 : droit de vote accordé aux femmes.
1944 : Débarquement de Normandie.
1954 : fin de la guerre d'Indochine.

1957 : création de la Communauté économique européenne.
1958 : élection du général de Gaulle à la présidence de la République.
1962 : indépendance de l'Algérie.
1968 : événements de mai 68.
1974 : droit de vote à 18 ans.
1981 : élection de François Mitterrand à la présidence de la République.
1981 : abolition de la peine de mort.
1994 : début de l'utilisation d'Internet.
1995 : élection de Jacques Chirac à la présidence de la République.
1998 : Coupe du monde de football en France.

XXIe SIÈCLE

2001 : explosion d'une usine chimique à Toulouse.
2002 : l'euro remplace le franc.
2006 : inauguration du musée sur les Arts premiers du Quai Branly à Paris.
2007 : élection de Nicolas Sarkozy à la présidence de la République.
2012 : élection de François Hollande à la présidence de la République.
2015 : attaques terroristes à Paris en janvier et novembre.
2015 : conférence de Paris sur les changements climatiques.
2017 : élection d'Emmanuel Macron à la présidence de la République.
2020 : début de l'épidémie de coronavirus.

JEUX

Maintenant que tu connais tout sur les grandes personnalités, voici des jeux 100 % célébrités pour tester tes connaissances en t'amusant !

CONSTRUCTEUR DE GÉNIE

Rends son nom à chacune des constructions auxquelles Gustave Eiffel a participé.

1

2

3

4

5

6

La statue de la Liberté, à New York

L'Observatoire de Nice

La cathédrale Saint-Marc d'Arica, au Chili

Le viaduc de Garabit

La Poste centrale de Saïgon, au Vietnam

La tour Eiffel, à Paris

LES ANOMALIES

Entoure les 7 éléments qui n'existaient pas au temps de Jean-Sébastien Bach.

MYSTÈRE

Avec quel instrument étrange Niki de Saint Phalle peint-elle au début de sa carrière ?

A. Une plume d'autruche
B. Un morceau de miroir brisé
C. Une carabine

Dans quel sport Jeannie Longo s'illustre-t-elle ?

A. La natation
B. Le cyclisme
C. La boxe

Solutions page 120

JEUX

ÇA GRIMPE !

Aide Jeannie Longo à rejoindre le col de la montagne le plus vite possible en évitant tous les obstacles.

LA FLÈCHE

Trouve dans chaque colonne le chiffre de 0 à 9 qui n'apparaît pas et inscris-le dans la case du bas. Tu connaîtras ainsi le record de vitesse d'Usain Bolt.

0	2	9	0
2	3	2	6
3	1	8	7
9	9	3	8
7	0	6	1
6	6	4	9
8	5	5	5
5	7	0	3
1	8	1	4

	,			km/h

MYSTÈRE

Quel est l'un des surnoms de Roger Federer ?

A. Dark Federer
B. Little Federer
C. Winner Federer

Qui a peint Guernica ?

A. Michel-Ange
B. Vincent van Gogh
C. Pablo Picasso

Que buvait Diane de Poitiers pour rester jeune ?

A. Du lait d'ânesse
B. Du jus de citron
C. De l'or

Solutions page 121

À L'ABORDAGE !

Trouve les 8 différences entre ces deux images.

JEUX

EXPÉRIENCE

Marie Curie se lance dans un nouveau dosage de chimie. Complète la machine sachant qu'à chaque sortie horizontale et verticale, tu dois avoir le même dosage d'eau et d'huile.

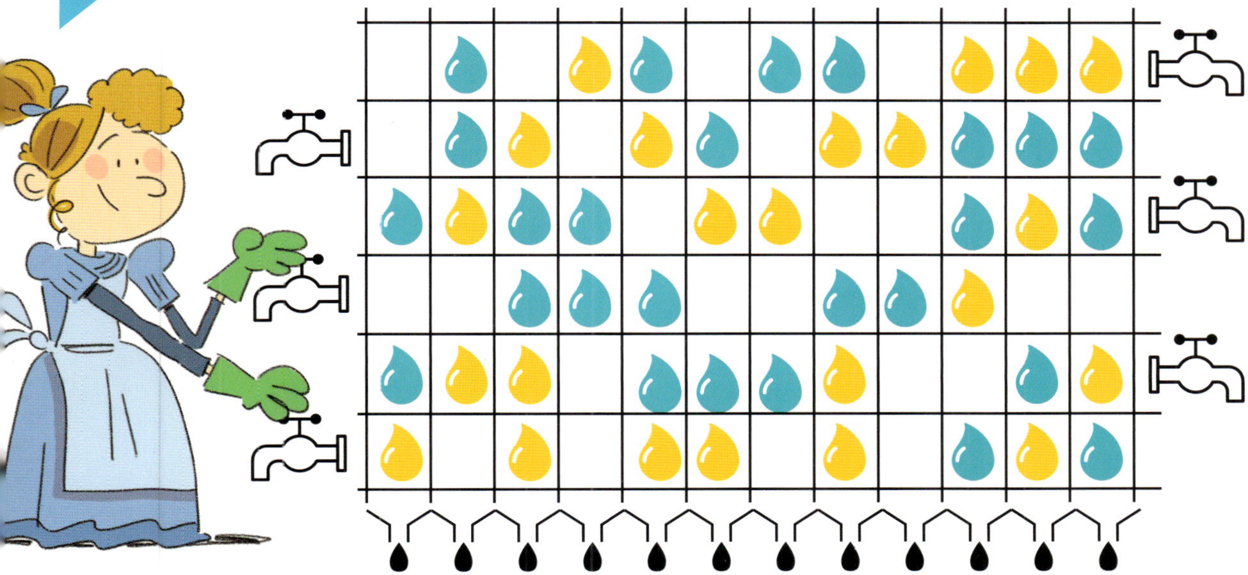

MINI-QUIZ

De quel artiste Camille Claudel a-t-elle été la compagne ?

A. Degas
B. Gauguin
C. Rodin

De quel instrument joue John Lennon ?

A. De la basse
B. De la guitare
C. De l'accordéon

Solutions page 121

JEUX

CLÉOPÂTRE

Aucune raison que la dernière reine d'Égypte reste dans l'ombre ! Trouve la seule ombre qui est vraiment la sienne.

PETITES QUESTIONS

Comment s'appelle le groupe que forme Michael Jackson avec ses frères ?

A. Unity for life
B. Thriller
C. Les Jackson Five

Quel journal Jean Jaurès a-t-il fondé ?

A. *L'Équipe*
B. *Libération*
C. *L'Humanité*

PRÉSIDENT DE LA RÉPUBLIQUE

Sais-tu en quelle année le général de Gaulle a été élu président pour la première fois ? Complète la pyramide sachant que chaque nombre correspond à l'addition des deux nombres du dessous.

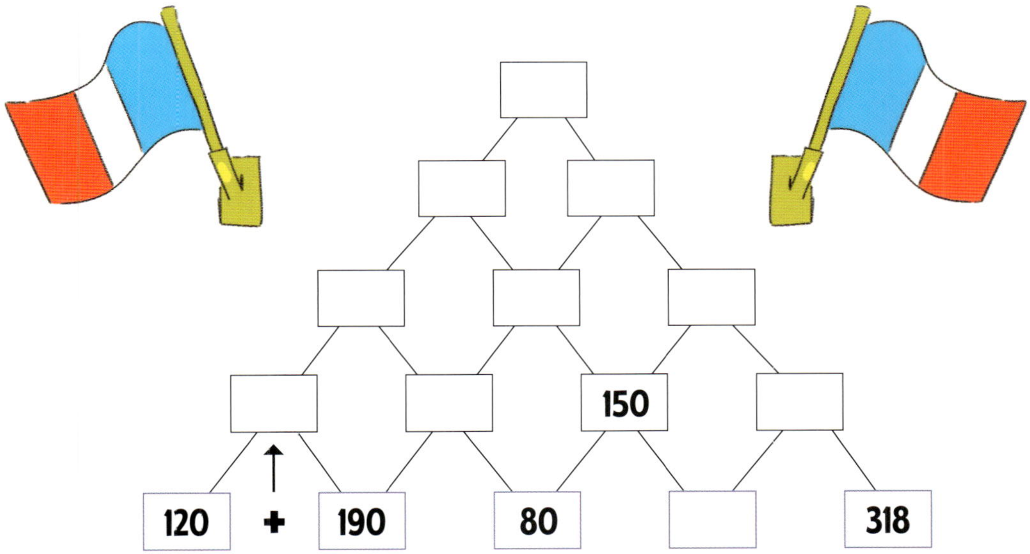

Solutions page 122

QU'ON LUI COUPE LA TÊTE !

Sans toutes ces pièces, ce tableau de Marie-Antoinette manque de piquant ! Retrouve les pièces de puzzle manquantes.

JEUX

SENS DESSUS DESSOUS

Remets les lettres de chaque personnage dans l'ordre pour leur redonner leur nom.

O L I R T A E V

S A E P R S E H E A K

È E M R I O L

QUESTIONS-RÉPONSES

Quel célèbre peintre s'est coupé l'oreille gauche ?

A. Vincent van Gogh
B. Claude Monet
C. Auguste Renoir

Pour quoi Coco Chanel est-elle célèbre ?

A. La petite robe noire
B. Le grand short jaune
C. La mini-jupe verte

Quel pays Angela Merkel dirige-t-elle ?

A. Les États-Unis
B. L'Angleterre
C. L'Allemagne

Solutions page 123

JEUX

QUIZ

Où Rosa Parks a-t-elle fait scandale la première fois ?

A. Dans une école
B. Dans un magasin
C. Dans un bus

Quelle association l'abbé Pierre a-t-il fondé ?

A. Emmaüs
B. La Croix-Rouge
C. Les Restos du Cœur

Grâce à quel fruit Isaac Newton a-t-il découvert la loi de la gravitation ?

A. Une pêche
B. Une pomme
C. Une poire

MÉLI-MÉLO

Remplace chaque lettre
par la précédente dans l'alphabet
et retrouve le vrai nom de George Sand

B v s p s f
E v q j o

VOL ORBITAL

Seules deux de ces fusées sont identiques. Peux-tu les retrouver ?

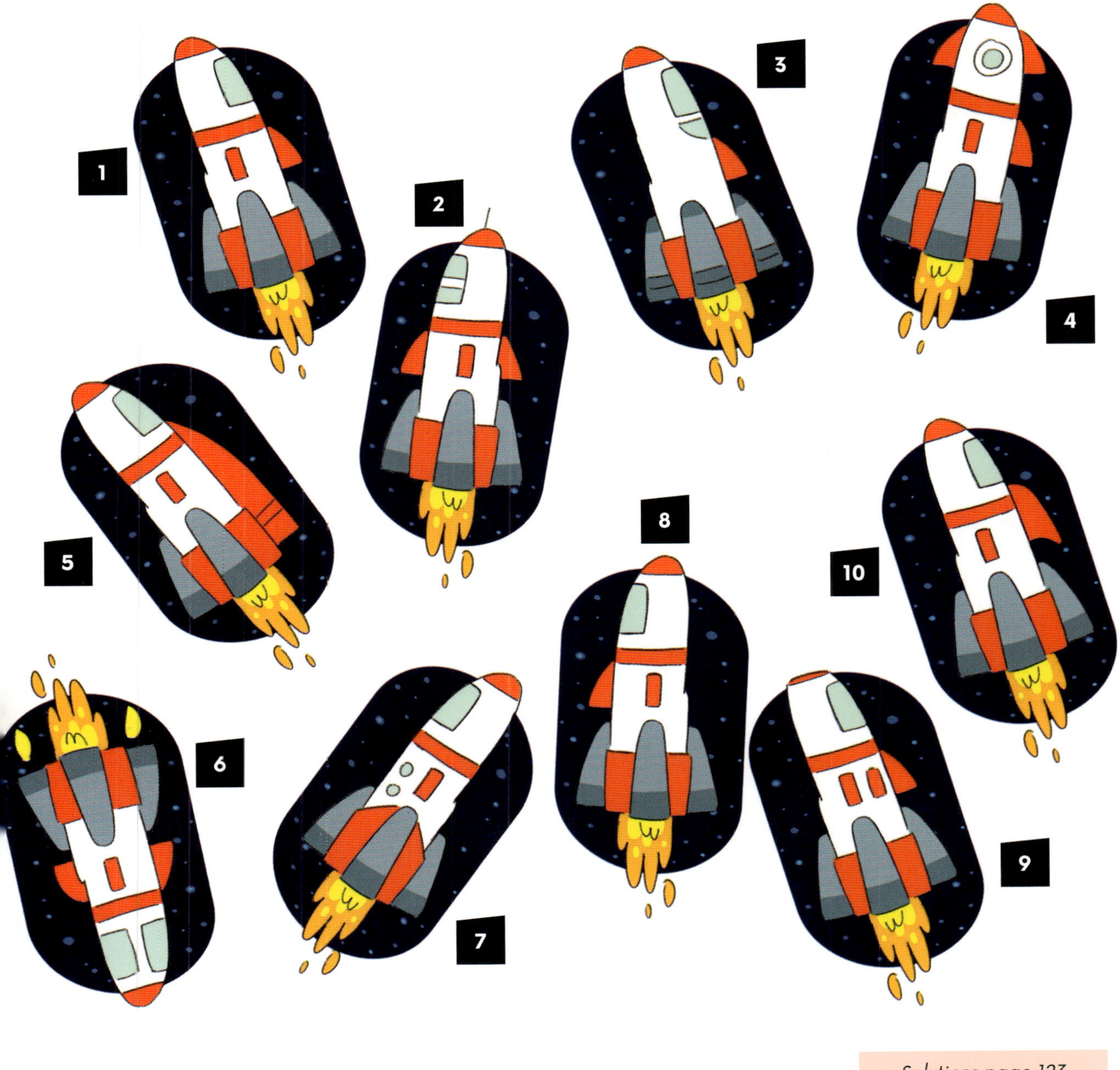

Solutions page 123

SOLUTIONS

p. 62-63

Louis XIV à Versailles
1 L'hiver, ce bâtiment abrite les orangers et les autres arbustes craignant le froid.

2 B. Il y en a 17 ; chacun formé d'un assemblage de 21 glaces.

3 B. Molière ; il interprétait ses pièces avec sa troupe, pour le roi et ses invités.

Les anomalies

p. 98-99

Le premier tour du monde
1C, 2 L'Amérique du Sud, 3A, 4A.

p. 108-109

Constructeur de génie
1 Le viaduc de Garabit

2 La cathédrale Saint-Marc d'Arica, au Chili

3 La statue de la Liberté, à New York

4 La Poste centrale de Saïgon, au Vietnam

5 La tour Eiffel, à Paris

6 L'Observatoire de Nice

Mystère
C. Une carabine
B. Le cyclisme

p. 110-111 Ça grimpe !

La flèche
44,72 km/h.

QCM
A. Dark Federer
C. Pablo Picasso
C. De l'or

p. 112-113 À l'abordage !

Expérience

Mini-quiz
C. Rodin
B. De la guitare

p. 114-115

Cléopâtre
C'est l'ombre n° 5.

Petites questions
C. Les Jackson Five
C. *L'Humanité*

Président de la République
Le général de Gaulle a été élu président pour la première fois en 1958.

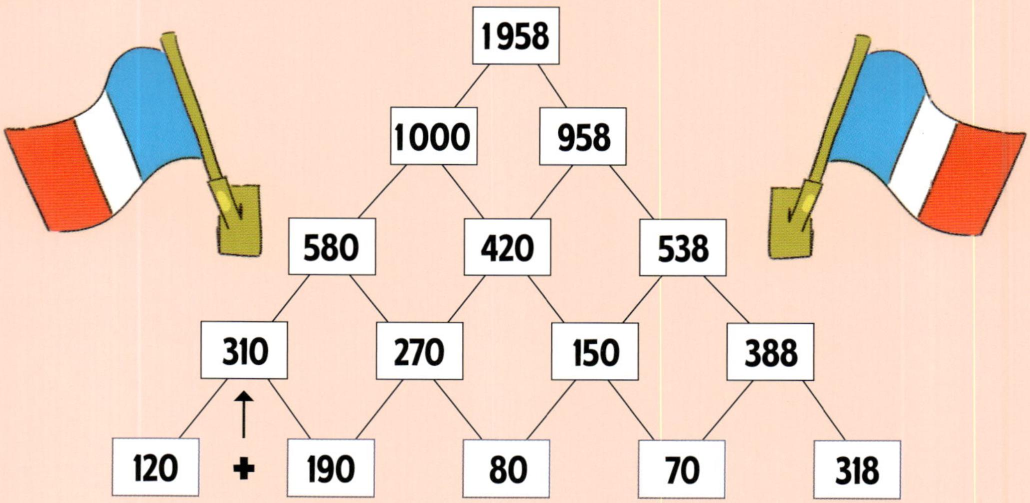

p. 116-117

Qu'on lui coupe la tête !
Ce sont les pièces
1, 8, 9.

Sens dessus dessous

VOLTAIRE

SHAKESPEARE

MOLIÈRE

Questions-réponses
A. Vincent van Gogh
A. La petite robe noire
C. L'Allemagne

p. 118-119

Quiz
C. Dans un bus
A. Emmaüs
B. Une pomme

Méli-mélo
Aurore Dupin.

Vol orbital
Les fusées identiques
sont la 1 et la 8.

!

Petit GLOSSAIRE

SÉGRÉGATION RACIALE

Séparation complète entre les Noirs et les Blancs. En Afrique du Sud, elle est appelée « apartheid ».

APARTHEID

Période en Afrique du Sud durant laquelle la minorité blanche interdisait certains droits et accès à la population noire.

DICTATEUR

Personne qui dirige un pays en s'attribuant tous les pouvoirs et en privant la population de certaines libertés.

EMPEREUR

Titre donné dans certains pays ou à des époques particulières de l'histoire au chef d'un territoire (appelé alors « empire »).

PHILOSOPHE

C'est un savant qui réfléchit sur la place de l'Homme dans l'Univers et le sens de la vie.

CONCERTO

Ce mot qui vient de l'italien désigne une composition musicale pour orchestre et instruments.

MÉTRONOME

Ce petit objet marque la mesure d'un morceau de musique grâce à des battements et un mouvement de balancier.

PSYCHANALYSE

C'est une méthode qui analyse notre inconscient, nos pensées les plus profondes.

LAMA

Le lama est un moine du lamaïsme, une forme de bouddhisme. Le dalaï-lama est le souverain spirituel du Tibet.

RÉVOLUTIONNAIRE

Personne en faveur de la Révolution de 1789 visant à bouleverser le pouvoir en place.

RÉGENT

Personne qui gouverne un pays à la place d'un souverain qui n'a pas encore l'âge de régner.

MILITANT

Personne qui défend très activement la cause ou l'association en laquelle elle croit.

DÉPORTATION

C'est l'exil et l'emprisonnement dans un camp de concentration. Durant la Seconde Guerre mondiale, 10 millions de personnes ont été déportées.